这个
唐朝
真好玩儿

谢金鱼 著

北京联合出版公司
Beijing United Publishing Co.,Ltd.

献给一百五十年前的谢金鱼先生

谢谢你当年来到台湾

不计较我用你名字当笔名

你真是好人

我会烧一本给你当纪念

如果你不识字的话

叫我阿公、你的孙子讲给你听

自　序

语文永远都在革新

这本书完全是个意外。

《这个唐朝真好玩儿》的第一篇文章出现在2015年。当时，“故事：写给所有人的历史”还在草创期，所有的创办人多少都要承担编辑和撰稿的工作，我经手的《深夜食堂》系列连载到一个段落时，作者们表示需要暂时休刊取材去，其中一个月左右的空窗期，我只好自己补位。

四个星期、四篇文章，要如何串成一个小系列，既不偏离主题又自成体系呢？我正在伤脑筋时，有一位长辈请客吃饭，设宴在海鲜餐厅。我在这种场合通常就是负责贡献历史趣闻，作为谈资。于是，我说起了韩愈吃海鲜的故事，就在那一瞬间，我找到了可写的题材，既然有了韩愈，何不韩柳元白都说一遍呢？

于是，就先从韩愈打头阵，开始了第一篇文章，而后慢慢发展成了一本书。它并不是很有组织、有架构地要说什么大道理，除了最后一篇《安禄山与“没有声音”的胡人》之外，其他都是在讲述每个人物生命中的片段，由此照见他们的困境。

也有人认为，呈现出这些古圣先贤脆弱的那一面，是一种“除魅”（Disenchantment），而《这个唐朝真好玩儿》的书名似乎又更加深了这样的印象，好像这本书试着在摧毁某些伟大道统……事实上，我要说的是，所谓的“语文”，历朝历代全都是在崩坏中获得新生。

比如，在六朝的宫体诗被创造出来的时候，当时的保守派崩溃了，他们甚至跑去向皇帝告御状，指责带头写作这些诗的太子不务正业。然而在往后的一百年内，宫体诗成了主流。我们所熟悉的唐宋八大家、古文运动，更是崩坏；而且不只是八大家开始在崩坏，从盛唐开始，有人看不惯流行的文体，认为要用文章传扬道德，然后把这个想法寄托到更久远的古代来寻求正当性。为了坚持这个理念，“战神”韩愈到处和人打笔战，甚至一时激动上书骂皇帝、战佛教。连佛陀躺着都中枪，被说成是个没受过“华夏”教育的野蛮人……

当然，这在唐帝国中也是个特立独行的状况，但若没有这样的冲撞和革新，文学就无法翻出新意。

换言之，这本书试图还原那些文学作品被写作出来的现场，而各位将透过书页直击所谓“语文”崩坏的那一瞬间，当然，也包含作者在那个时代的困难与挣扎。他们的人生困境，有时距离我们很遥远，但有时也很近。我不赞成单纯地背诵或记忆文学，只有通过阅读与理解，这些文学作品才有可能进入心中，在人生的不同时期从心底浮现，我们才能隔着时光的长河照见与自己相似的身影。

在本书的最后，我写了一篇与文学并不是那么相关的文章。熟悉我的朋友可能知道，我真正的研究领域是丝路上的少数民族，这些被称为“胡人”的人，是中国史上重要的一部分，但是由于他们本身的记录文献不多，所以如何从汉文史料中找到他们活动的信息，就是我多年研究工作的主轴。但是，这些少数民族大多“没有声音”，他们被当成长安的“异国”情调，成为唐帝国兼容并蓄、华夷一家的佐证。事实上，他们有自己的语言、组织、信仰，甚至曾试图在唐帝国北方建立属于自己的国度，而他们的“皇帝”就是安禄山——一个曾经一无所有的穷小子。

安史之乱，是唐帝国极为重要的事件，它甚至影响了整个欧亚大陆。它的成因有着复杂的族群问题，它的后果影响了世界史的进程。这么重要的事，却是由一大群“没有声音”的异族人所发起，而他们的敌人、唐帝国的军队中竟也有大量的异族人。如果我们可以更关注族群的议题，我们对于唐代史，甚至是整个中国史、东亚史，都会有不同的观察。

这是我私心希望传达的观点，所以，虽然不完全是文学，但还是硬塞进去了。

这本书逗趣的插图是由才华横溢的“燕王”所绘制，我们从来没见过面，但他深厚的历史知识赋予了史料新的生命。最后要感谢编辑团队，我是个恶名昭著的拖稿王，若没有她们的鼓励与拍打，这本书是不可能出得来的。如果这本书带给各位读者任何的欢乐，请诚挚地感谢她们。

目录

一部曲

人有离合，月有圆缺

那些永不在生活中缺席的情感之事

二部曲

人生无常，盛衰何恃

那些千年不变的人生规则

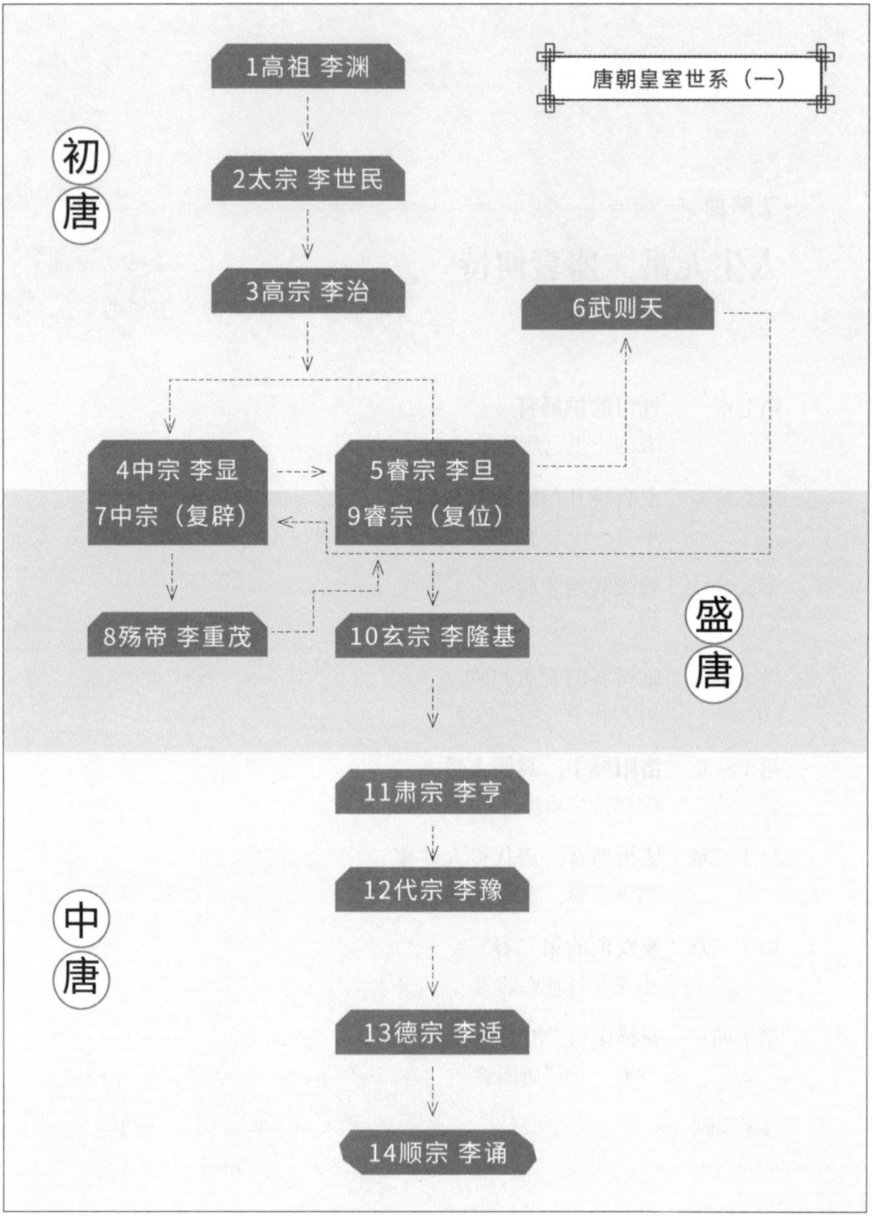

唐朝皇室世系（一）
初唐
1高祖 李渊
2太宗 李世民
3高宗 李治
4中宗 李显
7中宗（复辟）
5睿宗 李旦
9睿宗（复位）
6武则天
8殇帝 李重茂
10玄宗 李隆基
盛唐
中唐
11肃宗 李亨
12代宗 李豫
13德宗 李适
14顺宗 李诵

唐朝皇室世系（二）

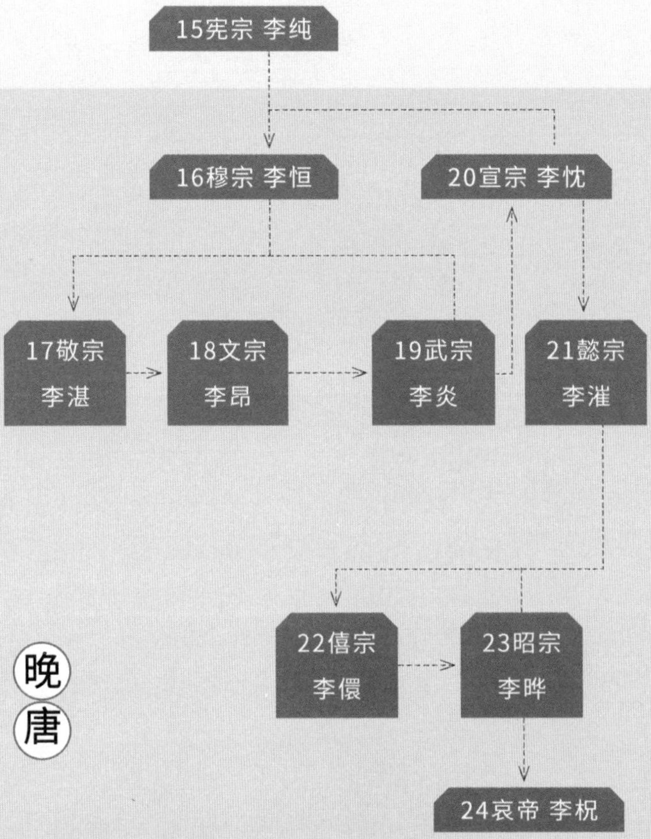

15宪宗 李纯
16穆宗 李恒
20宣宗 李忱
17敬宗 李湛
18文宗 李昂
19武宗 李炎
21懿宗 李漼
22僖宗 李儇
23昭宗 李晔
24哀帝 李柷
晚唐

一部曲

人有离合，月有圆缺

——那些永不在生活中缺席的情感之事

第一章

学习把咽不下喉的吞入腹中

韩愈的生猛海鲜宴

“韩柳元白”是语文与历史课本上经常读到的四个人——韩愈、柳宗元、元稹和白居易，他们是杰出的诗人与散文家，被奉为一代文坛宗师。他们若不是道貌岸然，就是忧国怀乡，似乎生来就带着崇高的使命，就连他们的挫折，也都是为了更长远的理想而做出的牺牲，他们是圣贤，而不是“人”。

如果我们穿越回唐代，可能会对这四人的印象截然不同。在这四人之中，韩愈最为年长，他和柳宗元是忘年之交，但是他对于元白，就不这么交心。他们经历过同样的时代、同一事件，却各自做出不同的抉择，也承担不同的结果。

某个人的飞黄腾达，或许代表着另一个人的失意落寞。在仕途浮沉之间，长安成了唯一的目标，这座象征着最高权力的城市，寄托着他们对于仕途的念想。长安之外，是截然不同的世界。

饮食，就成为他们从帝国的中心前往边境时，最难以适应又不得不适应的问题。

两个贬谪到南方的吃货

韩愈与柳宗元相知很早，不过他们的政治理念却截然不同。永贞年间（805—806），革新派的柳宗元，虽一度与保守派的韩愈闹得不太愉快，但无损于他们真挚的友情。一向被认为个性偏激的韩愈，后来仍殷殷地写诗、写信安慰处境比他更惨的柳宗元，甚至在柳宗元死后收养了他的孩子。许多人以韩愈的诗作《永贞行》和他修史时臭骂永贞党人的记录，批评他对老朋友刻薄、不厚道，却忽略了他和柳宗元一封封往来的书信。

对柳宗元而言，他在贬谪中经历了一连串的打击，人情冷暖，他不可能无感。不过他和韩愈的来往依然真诚，甚至是观点不同可以直接反驳的交情。如果不是出于友情和尊重，也没有必要到这份上还要来往。这样的交情，不亚于一直和他站错队的难兄难弟刘禹锡。柳宗元的悲剧与其个性有直接的关联，而事实上，韩愈也不完全是“文起八代之衰，道济天下之溺”的圣人，因此这两人的感情能超越政治，确实是很难得的。

柳宗元的政治污点跟了他一辈子。他曾一度被召回长安，以为否极泰来，正高兴着，没想到朝廷里有人恶整他，明升暗降，把他送到了更遥远的柳州（今广西壮族自治区境内）当刺史。元和十四年（819），当朝廷正为了唐宪宗的“元和中兴”大肆庆祝时，韩愈却因谏阻皇帝迎佛骨舍利的靡费行为上书了《谏迎佛骨表》，触怒皇帝而被赶出长安，发往今日广东的潮州为官。

潮州与柳州都是唐帝国的南方边疆，韩愈与柳宗元两人可以说是陷入人生的严重低潮。不过在他们往来的诗文中，除了谈人生，谈环境，谈挫折，谈思想，谈种种伟大理想和抱负之外，也不忘谈吃……

他们吃什么呢？羊肉？牛肉？猪肉？鱼肉？

都不是，他们谈的是蛙肉！

在我看到这则记载时，柳宗元在我心中冷艳高贵的形象完全破灭。他不仅吃青蛙，还很爱吃！甚至写信劝刚贬往南方的韩愈说：“这东西很好吃，你试试看。”

于是，韩愈就写了一首《答柳柳州食虾蟆》[1]回应他的好朋友：

……余初不下喉，近亦能稍稍。常惧染蛮夷，失平生好乐。而君复何为，甘食比豢豹……

这六句诗的意思大致就是："我一开始也不是很喜欢吃，最近稍微可以吃一些了，但是怕这种东西吃多了会染上南方的蛮夷之气，只好暂时放下这个喜好。不过你也太爱吃蛙肉了吧？竟然把它当作豹子胎这种高级的美食来吃？"

如果换作是现代人吃豹胎，可能会闹上新闻被骂不爱护动物，但中古时代并没有这种规矩，当时的人还觉得豹胎是美味珍馐。说到这里，各位或许对于韩柳二人的印象又更崩坏了一些，不过，大家其实可以放心，在

1 唐代的虾蟆指蛙和蟾蜍。

唐代，只有亲王、公主以上的贵族才有资格拥有豹子，所以没多少人真的吃得起豹胎，豹胎可能只是一种传说中的食物，就像龙髓凤肝一样，只是个指代。

虽然吃青蛙这件事很难和韩柳二人联想在一起，不过青蛙在南方是很常见的食物，到了北方反而是罕见的食材，甚至能端上唐代的“国宴”菜单。各位应该会好奇，他们到底怎么吃蛙？是三杯吗？还是油炸？很可惜，虽然外皮酥脆、肉质滑嫩的炸蛙腿是现代人的下酒菜，但唐代还没有出现炒和炸的技术。因此，长安的高级吃法就是把青蛙剥皮之后，从中间剖半，像分开的豆荚一样两片平贴在盘子上蒸熟了吃，叫“雪婴儿”，听起来有点吓人。

但是到了南方，可就不是这样了。唐代的《南楚新闻》[1]说，南方的一些部族（百越）会先煮一锅滚水，丢

1 《南楚新闻》成书于唐代，作者为尉迟枢（生卒年不详）。《南楚新闻》是一本笔记，主要记载了中国南方一带的奇闻逸事。《南楚新闻》是我国首次在书名上使用“新闻”一词的古籍。因此，它在新闻史上占有一席之地。原书现已失传。

入小芋头或小笋子，接着把蛙类丢进去，蛙类就会抱住水中的芋头或笋子，煮好之后，就统统捞起来吃。这些百越民众尤其喜欢吃皮上有疙瘩的蟾蜍，他们主张先丢进滚水，烫掉蟾蜍的皮，然后再煮，但也有些人就爱吃蟾蜍皮，这显然是特殊的个人爱好。韩愈和柳宗元的吃法，可能是蒸、清烫或煮汤。从中医的理论来说，蛙肉是补气治脾虚的食物，对于身体一直不好的柳宗元来说，应该是很不错的滋补食品。

潮州的海鲜大餐

在长安城，除了蒸蛙肉之外，还有一样高级的食物只属于士族与贵族，那就是“鱼脍”。千万不要以为唐代人都吃熟食，他们也喜欢把新鲜的鲤鱼去骨后切成条状，拌上佐料生吃。因此，韩愈和柳宗元可能在长安时就曾经尝过了生鱼片的美味。

不过，新鲜的鱼并不常见。尽管韩愈幼年曾经短暂在南方生活，但是他所习惯的食物，应该大多还是面食类

或鸡肉、羊肉。为什么没有牛肉或猪肉呢？这是因为唐代不能随便宰杀耕田的牛，而猪在当时的北方又比较少。因此，当韩愈从长安风尘仆仆、心如死灰地抵达南方，有人邀他参加一场宴会时，他一踏入现场就吓坏了！

案上有一大堆他没见过的食物，韩愈在吃完这顿饭后，就写了首《初南食贻元十八协律》。这首诗是写给长安的朋友元集虚的，除了写下自己看到的奇怪食物，顺便给朋友补充一下生物知识：

鲎实如惠文，骨眼相负行。

首先是鲎。鲎长得很像好莱坞电影里会出现的外星生物，被称为地球的活化石，由于繁殖时雌雄会黏在一起，很容易抓得到。现在因为被列为保护动物，所以人们不吃了，不过在韩愈的时代，潮州人才不会管这么多，抓起来就宰。

蚝相黏为山，百十各自生。

接着是蚝，也就是牡蛎。潮州的牡蛎黏在礁石上，不像现代养殖牡蛎那样串成一串放进海里。牡蛎在现代人看来，真是超级生猛有劲的好东西呀！不过韩愈从来没见过这生物，请各位不要怪他见识少，因为在那个很多人一辈子没见过海的时代，牡蛎并不常见。

蒲鱼尾如蛇，口眼不相营。

第三种是蒲鱼，也就是魟鱼。这种在浅海生活的软骨鱼，现代也常看到，体形可以长到非常大。我曾经在东石港边看到人们分切大概有餐桌这么大的巨大魟鱼，但说实在的，我不是很喜欢它的味道。不过还是再强调一次，虽然韩愈小时候曾在南方住过，但是他大半辈子都生活在北方，所以他对魟鱼的第一印象就是：有一条蛇一样的尾巴……毕竟他比较熟悉蛇。

蛤即是虾蟆，同实浪异名。

第四种就是青蛙了。韩愈在这里告诉现代人一个重点，在唐代的南方，“蛤”不是现在我们吃的蚌壳文蛤，而是蛙类的统称。虽然名字和北方不同，不过是一样的

东西。

章举马甲柱，斗以怪自呈。

最后，章举和马甲柱，其实就是章鱼和帆立贝（扇贝）。在现代人看来，章鱼现烫现切、加上刚撬开的新鲜扇贝，满口海味鲜美无比，实在是无上享受。但是不懂得欣赏的韩愈，竟然嫌这两样东西长得怪！丝毫没提到它们的滋味。

其余还有数十种，韩愈就懒得解释了。那么他怎么吃呢？他只好暂时按照南方的习惯来食用，“调以咸与酸，芼以椒与橙”，也就是用酸和咸来调味，并加了橙汁和椒拌着吃。这里的椒绝对不是辣椒（辣椒在唐代还没引入中国），有可能是花椒，也有可能是胡椒。

虽然在他的诗中把这些海鲜介绍得很难吃，但是各位不妨把它想象成淋了五味酱那样的酸酸咸咸，正好衬托出海鲜的滋味。然而，在这里又显现了唐代与现代的不同，我们想象的美味，韩愈却说：“腥臊始发越，咀吞面汗骍。”意思是：“我吃下去之后发现更腥更臭了，嘴巴虽然已经吞下，脸上却狂冒汗而且脸色发红。”

这狼狈的样子，让韩愈把目光从海鲜上转开，看向了蛇……

是的，就在此时，韩愈看见了活生生、在笼子里的蛇。为什么吃饭的时候会看到活蛇？因为唐人也知道现宰现煮最新鲜呀！韩愈和这蛇你看我我看你，虽然认得蛇是什么，却觉得蛇长得真是面目狰狞啊……

于是，他打开笼子，把蛇放走，但是这蛇竟然不知感激，继续对韩愈示威。

韩愈只好对蛇说：“卖尔非我罪，不屠岂非情。不祈灵珠报，幸无嫌怨并。”意思是：“卖掉你不是我的错，没杀你也算是有情分吧，我也不求你拿颗灵珠来报答我，只希望我们之间别有什么怨恨哪！”

韩愈的这顿生猛海鲜欢迎宴，到这里告一段落。这是在他初抵潮州时的诗作，当他写下那首吃青蛙诗的时候，他已经在潮州过了些日子，原先不能接受的青蛙，也稍稍能够入口，并懂得了南方食物的美味。

千里宦游是唐代官员政治生涯的常态，或在天子脚

下，吃着长安口味的驼峰、鱼脍、雪婴儿；或在山海边缘，吞着一生从未见过的山珍海味。

宦海中浮浮沉沉，谁都不得不学会忍耐，学习把咽不下喉的吞入腹中，即便是韩愈，即便是柳宗元，即便是今日的你、今日的我。

第二章

柳宗元的槟榔

我得了一种叫作寂寞的病

我小时候读到“柳宗元”三个字时，脑中总会浮现一个高挑纤瘦、如柳树般的身影，又或是一身道袍、凛然昂首的身形。很多年后，我才知道，小时候的印象只对了一半。

中唐文学的代表“韩柳元白”四人遭遇各异，虽然都经过贬谪的失意，但其他三人的结局还称得上从此过着幸福快乐的生活。然而出身最好，又最早成为人生赢家的柳宗元，却只是猜到了开头、猜不着结局，怎么说呢？这就要从柳氏一门说起了。

柳氏一家有个不太好的门风，就是他们超级死脑筋又聪明绝顶。柳宗元的父亲柳镇，以博学多闻和刚直不屈出名，遭受冤屈被贬，死也不掉一滴泪，是个硬汉中的硬汉。柳妈妈卢氏也是博学的名门闺秀。这样优秀的家庭，正常来说是一个伟大名臣的摇篮，可惜，事情从来不是小时候妈妈教你的那么简单。

在唐帝国，一个理想的人生赢家需要有好的开始。当时的身份制度分成两大类：下层社会是广大的平民与贱民，上层社会则是皇族与士族。皇族容易理解，而士族有点模糊，广义地说，就是家族中有人当过官，是读书人；但狭义地说，谁属于士族是需要考察族谱的，能够被列入记录的家族，通常都有长达百年以上的历史，有显赫的祖先或雄厚的地方势力。也只有士族才能担任握有政治实权的某些官职，这种称为“清官”；其他不重要、纯技术性的就可以让非士族的人担任，这些则称为“浊官”。清浊之间，自然就显出了高下之分。

投胎成功、顺利长大之后，要开始求官，当然有不同的渠道，但最棒的一种就是“进士科”。这需要先取得乡贡进士的资格才能去考试，考上进士就保证有工作，但要等多久才有缺、会在哪里工作，则还是未知数，有时候一等就是三五年。如果不想等，那就要再去考更难的“制科”，也称“制举”。困难的原因是，来考试的人基本上不限乡贡进士资格，只要你出身合格，不管你是现任的官员或是成名已久的大才子，都可以来考试，所以什么级别的人物都可能出现。如果通过制科，就能晋升唐帝国新秀精英，不但工作会更好，也会更接近京师。

少年柳宗元二十几岁就进士加制举双料冠军，青云直上，那时白居易还在“吃土”呢……恐怕当时唐帝国的人都不会怀疑他将是下一个政治明星。更加重要的是，他娶了名门杨家的女儿，这下子父族、母族和妻族的各种政治资源，当然都是他的筹码了。

意气风发、聪明绝顶的柳宗元，理所当然地“气焰嚣张”，所以讨厌他的人不少。不过，他一点儿也不在意。

顺风顺水的前半生，在 805 年攀上了人生新高峰。这一年，因为老皇帝驾崩、新君上台，史称“永贞革新”的变革正式展开。在当时唐帝国的人看来，这场变革由于政治影响而评价低下，但是隔着一千二百年来看，除了政治斗争的现实外，还有着近乎傻气的天真。

永贞是新皇帝的年号，虽是新君，但这位新皇帝就像今日英国的查尔斯王子一样，当了几十年的太子，眼见国家衰落而急于在有生之年有一番作为。而他身旁的亲信，其实就是两个出身民间、被高级官僚看不起的技艺官，以及一群像柳宗元这样出身良好、资历优秀、急着想改变国家的青年精英，组成一个堂·吉诃德式的团队，也就是后来人称的“二王八司马”。

永贞革新的内容很简单，就是对内处理内侍，对外处理藩镇。唐代宦官势力猖獗，因此，新君先断除下级内侍收取贿赂与强取豪夺的宫市[1]，除掉宫中的异己派内侍，再以亲信夺取神策军这支由内侍长期掌握的军队。对于藩镇，则先从皇帝己身做起，叫藩镇不要一天到晚送礼物贿赂朝廷，同时压制远在江南、武力较弱却很有钱的藩镇，纯粹是杀鸡给猴看，顺便再拔几个贪官来收买人心。

永贞革新的内容，其实以宣示的政治意义居多。发动这场革新的核心，是两个王姓官员，他们来自帝国中下层阶级，虽然得到了皇帝的信任，却无法赢得士族官僚的认可。他们的不懂礼仪、出身低下，甚至他们一口不够优雅正确的官话，都被当成取笑的对象。不过平心

1　唐德宗至顺宗年间，皇室派宦官到民间市场以低价强买货物的现象，后于顺宗年间被改革派废除。

而论，要说他们没有私心是不可能的；但如其他精英官僚一般说他们是奸佞小人，也未必是真，只是他们没有时间可以证明自己对国家救亡图存的决心。

除此之外，皇帝又突然中风，不能言语，于是一百多天的革新，成为一场烟花。中风的皇帝无法阻挡由内侍、藩镇与高级精英官僚发起的政变，黯然退位，眼睁睁地看着二十八岁的长子在众人簇拥下登上宝座。皇帝只多活了半年，在所谓“西宫南内多秋草”的“南内”兴庆宫中静静地去世，庙号顺宗。此时，二王已成泉下亡魂，八司马也被新君逐出长安，前往唐帝国的绝域。

永贞时代的政策并非一无可取，尤其在处理藩镇这件事上被后来的继任者延续下来，甚至不惜发动了长达十余年的战争攻打各地藩镇。

一样的事，永贞时代没能取得官僚们的认同，完全地失败；而继任的皇帝与官僚们吸取教训，一步一步地把路走好，被称为“元和中兴”。

处理“二王八司马”，是新政府上台后处理永贞时代旧臣的举措。唐帝国有身份阶级，一般而言，除非大逆不道，否则士族通常不太容易被处死，二王之所以结局如此凄凉，是因为他们终究不是士族，而出身士族的八个朝臣则被贬为州司马，也就是一州的副官。其实，一开始他们是被发配出去当刺史，也就是一州的长官，结果在路上再贬一级，被发配得更远了。柳宗元就被送到现在湖南和广西交界的永州当司马，而且还不是正式的司马，是“员外同正员”。简单说，他是个冗员。

这一年，柳宗元三十三岁，从万众仰慕的高级官僚，被踢到湖南的山里当冗员，用肚脐想也知道他不开心。事实上，从三十三岁之后，他的人生失意到了极点，妈妈、女儿、姐夫、外甥、侄女、堂弟……称得上至亲的人几乎都去世了。最惨的是，他堂弟跑来永州看他，路上生了小病，但还能和柳宗元一起出去玩，回来后也有说有笑的，隔天早上却叫不起来，这才发现断了气……

我无法理解，柳宗元到底是命带天煞孤星还是被下了蛊，人生痛苦到这种程度！衰运却不止如此，他还曾找不到房子暂居寺庙（可能因为他是冗员或被刻意打压，永州一开始没有配宿舍给他）、家里失火，一直生病，甚

至昏迷三天没醒。

这么悲惨的人生，同时造成他在婚姻上的重大挫折。在他二十七岁时，出身名门的妻子去世了，他后来二十年都没有再娶。不是他不想娶，而是娶不到……关键就在于他是士族，唐帝国中不同阶级的人不能通婚，士族男性可以纳庶民女性为妾，却不能为妻，但是以柳宗元的处境，也没有士族女性愿意嫁给他。

如果说三十三岁之前的柳宗元是翩翩公子，三十三岁之后的柳宗元就彻底是个失败者。他很焦虑自己娶不到老婆又生不出儿子，因此在永贞事件的影响稍微平息、开始有故旧写信和他联络时，他忍不住告诉一位长辈："我真的好想娶老婆，好怕绝后啊……"

茕茕孤立，未有子息。荒陬中少士人女子，无与为婚，世亦不肯与罪人亲昵，以是嗣续之重，不绝如缕。每常春秋时飨，孑立捧奠，顾眄无后继者，懔懔然欷歔惴惕，恐此事便已，摧心伤骨，若受锋刃。

——《寄京兆许孟容书》

虽然柳宗元的悲惨自叙读起来令人感叹，但我觉得柳宗元也需要自我反省。前面说自己好惨，都没有女士想跟他结婚生子，后面又说自己吃东西也不知道滋味，而且一年都洗不上一次澡！“一搔皮肤，尘垢满爪”……每次读到这里，都让我有点不舒服——一个不洗澡的男人，谁会介绍长安城的白富美给他呢？

在痛苦的人生中，饮食对柳宗元来说只是拿来苟延残喘的工具，所以关于吃，他留下的记录很少很少，造成我很大的困扰。他和当时的士人们一样，对南方充满了恐惧，在他们笔下，南方的夜晚黑压压一片，到处都是藤蔓、奇怪的生物，以及吃着恶心食物的人。（平心而论，我认为南方的平民可能也觉得这群来自北方的官员是一群没见过世面的俗人，但很可惜，南方视角的文字并没有留下来。）

话虽如此，其实柳宗元很怕自己被南方同化，事实

上，他可能还真的已经慢慢被南方同化了。在前一章，我说过他告诉韩愈自己喜欢吃青蛙，在永州也可能吃过鹧鸪，因为他说口感“甘且腴”，而且很容易就抓得到。

某一天，他家的厨子抓了一笼鹧鸪正准备宰杀，柳宗元经过，想起了自己有如笼中鸟一般的生活，于是，他放走了鹧鸪，并写诗告诉鹧鸪：

破笼展翅当远去，
同类相呼莫相顾。

这个情景和韩愈放走那条蛇有点像，或许都是他们在感叹自己的命运，却也意外留下了饮食史的证据。

柳宗元究竟后来还吃不吃鹧鸪我们不得而知，但有一样东西，倒是他从永贞元年被贬到永州之后，就一路吃到柳州的……

那就是槟榔。

是的，我想写到这里，柳宗元在诸位心中冷艳高贵的形象已经完全毁了——不洗澡、一搔痒满手污垢，然后还吃槟榔！谁要嫁给他呢？

不过，不讲卫生这件事虽然不受女生青睐，但吃槟榔在当时并非恶习，反而是一种高级享受！在汉魏时代，生长在南方的槟榔是超梦幻的果实，只有皇帝和高官才能看到那么少少的几颗。直到三国与南朝时期，北方的政权掌控南方，才把槟榔从深山老林里挖出来，千里迢迢地送到建康城（今南京），装在超高级的盘子中献给皇帝，皇帝再赐给大臣当作礼物。

也因此，南朝的世家大族开始把吃槟榔当成高级享受，饭后来一颗，健胃助消化。曾经有个失意人，在落魄时去老婆娘家求槟榔吃，结果被妻舅嘲笑，后来这个人摇身一变成了大官，把妻舅叫来，用金盘盛了一堆槟榔请他吃，狠狠地出了一口气。另外有个南朝的亲王，平时实在是太爱吃槟榔了，于是过世前特别交代子孙，以后一定要用槟榔祭拜他。还有一个南朝官员，临死前儿子问他："父亲，你有什么心愿未了吗？"他只说："我要吃一口好槟榔……"于是，儿子买了一大堆槟榔现剖，结果剖了一百多颗都不够好，眼见老爸含恨而终，

儿子也从此发誓戒掉槟榔。

除了贵族们，高级的槟榔也可作为供养品送给高僧。不过由于槟榔吃多了人会有点醉，所以佛教僧团内部也曾讨论吃槟榔是否合适，结论就是："因为槟榔可以让人口气芬芳，如果吃少点当口香糖没关系。"

那么，南朝人怎么吃槟榔呢？史书上说，他们用扶留藤夹牡蛎壳灰包在一起吃。扶留藤类似荖叶，而牡蛎灰其实就是石灰。等等！这不就是巷口槟榔摊卖的包叶仔白灰槟榔吗？所以，各位读者如果想要体验南朝时尚，不要犹豫，快去槟榔摊享受千年传统吧。

隋唐之后，因为主要的政治重心被拉回北方，槟榔没那么容易取得，便无法持续它高级口香糖的地位，变成了一种南方来的药材，长安的官员们没事的时候是不会集体在都城吃槟榔的。但是南方的百姓还是继续开心地吃着槟榔，然后嘲笑从北方来的官员水土不服、上吐下泻，我想，他们心中可能这么想："这群长安人，我们都是吃槟榔以毒攻毒！所以完全没事呢！"

接着，北方来的官员们为了在南方活下去，也开始吃起了槟榔……

柳宗元就是在这样的窘境下开始吃槟榔的。经过了四年没人来信送温暖的孤独后，突然，一个老朋友李翰林写信来，柳宗元简直激动到差点把槟榔一口吞下去。他对老朋友说："我的病基本好了，发病的频率也降低了，我都是吃南方人的槟榔和橄榄，可以破除堵塞，有用！但是呢，虽然破除了阴邪之气，却伤到了元气，走路膝盖会发抖，坐着大腿会发麻，所以我现在需要补血补气，之后长肌肉就会好了。"

之前，一位学中医的网友来信告诉我，槟榔在中医学中属于行气消滞又可以杀虫的药。因为早期中国南方属瘴疠之地，寄生虫多，气候又湿热，身体容易产生湿热疾病，所以可用槟榔来行气除湿，同时还可杀寄生虫。但药即是毒，行气药使用太多自然会损耗元气。或许这就是柳宗元常常觉得体虚、没有元气的原因吧！当然，这是现代中医的看法，仅供各位参考。

在唐代，槟榔除了直接吃之外，还会入药，治疗脚气病、腹胀、瘴疟、寄生虫、心痛（失恋的心痛无效），

也用于壮阳、回春、生子……简单地说，唐代的医书里，槟榔会被用来解决一些“瘀滞”的问题，也适用于生育、性爱等方面的杂症，但后一种用法是否为柳宗元吃槟榔的原因，就无从得知了。

柳宗元在永州吃着槟榔，蹲了整整十年、经历了各种心痛之后，终于，朝廷来了诏命，叫他打包行李回长安。柳宗元欣喜若狂，因为把官员叫回长安，通常是要他们回去报告任上的事，然后准备再次调职。柳宗元不禁心想：皇帝终于原谅我了！他打包行李，带着仅剩的几个亲戚和仆人，千里迢迢地从永州回到长安。

柳宗元风尘仆仆地来到了长安城外的灞水上，难以压抑心中的雀跃，于是他写了一首诗。这或许是他离开长安后，真正地重拾了欢笑：

十一年前南渡客，

四千里外北归人。
诏书许逐阳和至，
驿路开花处处新。

柳宗元回到长安，遇见了和他一样被踢出去又被召回来的老朋友刘禹锡，他们带着期待又怕受伤害的心回到皇城——那座充满年少梦想的政治场。然而，九重宫阙之中，等待他们的不是饶恕和原谅。

并不是没人同情柳宗元，要不然就不会有人写信给他。但是柳宗元太聪明了，他的聪明让人害怕，怕他一旦被皇帝重用后会报复他们，偏偏他当年得罪的宰相正是当权派，于是，没有人敢真正地伸出援手。

而刘禹锡，他原本是真的要被叫回长安回尚书省的，但坏就坏在他回来时去赏了桃花，还写了首诗：

紫陌红尘拂面来，
无人不道看花回。
玄都观里桃千树，

尽是刘郎去后栽。

这首诗原本也没有什么，但却被人告上朝廷，说他是在嘲讽朝廷收割他的革新成果。宪宗皇帝一听大怒，干脆把这对难兄难弟再打包丢出去，柳宗元丢去南方的柳州，老刘丢去西南的播州。

播州实在是太远了！而且八十岁高龄的刘禹锡母亲真的不能再这样奔波。于是柳宗元展现了他的义气，上表恳请朝廷以刘母年纪太大为念，不要把刘禹锡贬谪那么远，如果一定要这样，他愿意和刘禹锡对调。

这真的太有义气了！各位的语文课本上可能也都提到过这件事。但是他的上书其实没什么用，因为他是被大家讨厌的柳宗元，朝廷根本不考虑他的意见。

最后，是皇帝倚重的大臣以同样的理由请求，表示如果把刘禹锡丢去播州，那么刘母应该到死都见不到儿子了。皇帝一开始并不谅解，反而大怒："既然这样，当儿子的就应该谨慎点不要让老妈担心！如果还在寄望有人说情，更是不可饶恕！"大臣听了也不好再说，还是皇帝自己事后想想，气也稍微消了，才又说，“朕是在骂他没好好当个儿子，也不是想害他妈妈。”总之，刘禹锡最后改赴广州北边的连州，稍稍接近中央了一些。

虽然柳宗元和刘禹锡都往上升了一级任刺史，不再是冗员，但他们去的地方还是很艰苦。柳宗元去柳州之后，一直生病，差点死掉。有一回脚气病发作，昏迷三天，家人还以为他要死了，号哭不止。一个士族听说这事，赶快告诉他们一个杉木汤的秘方，也就是把杉木、槟榔、橘子叶放在一起捣碎，混着童子尿一起煮，煮开后再给柳宗元喝下，喝了两次就好了。

槟榔又一次救了柳宗元。其实，柳宗元倒不是太介意自己喝了童子尿，还写了方子寄给刘禹锡说：“我怕有人和我患一样的症状会死掉，所以赶快抄给大家，有需要就喝吧。”于是，这事就被刘禹锡给记了下来，流传至今。

槟榔，这个南方来的小果子，在柳宗元光辉灿烂的前半生中毫无踪影，却在他困顿无助的后半生，几

度救了他的命。好比他在文章中遇到的那些永州小人物，好比那些他后来在南方遇到、不可能娶为正妻的女人。这些“没有声音”的人，才是真正支撑柳宗元后半生的人。

柳宗元不是个圣人，课本上那冷艳高贵、刚直不阿的形象并不真实。他有过嚣张狂妄的少年时代，不顺他意的人，连看都不看。史书上说他精敏绝伦并非谬赞，但他卓伟精致的文章，成就于他苦苦挣扎的后半生。

他不像刘禹锡，破罐子破摔、死不认错，老子就跟你比命长；不像白居易，啰唆地排遣着贬谪人生；不像元稹，可以那么彻底地抛弃原则；更不像韩愈，为了宣扬理想四处引战，甚至不惜开罪皇帝。

在永州与柳州的贬谪生涯中，柳宗元曾经跪求朝廷大佬帮忙。他认罪认错的文章，一点都不光彩伟大，他很痛苦，因为做这种事和他的家风家训相悖，当他担忧着自己没有传人时，他痛苦的原因或许是他终究不是他父亲。

命运是个王八蛋，高高地把柳宗元从万千意图跃过龙门的小鲤鱼中托起，登天为龙，又狠狠地把他摔到泥水之中，半生仓皇狼狈，却看不到一缕阳光。

柳宗元的槟榔，是唐帝国那些前往南方的官员的缩影。他们离开北方，带着忧惧南渡，适应着南方，又排斥着南方，但只有极少数的人留下了足以被记得的名字。

柳宗元，既是那大多数死于南方的，又是那少数在历史上留名的，他的孤单与挣扎，和今日那些必须远离家园的人们并无两样。

唐帝国已经亡了一千多年，但是唐人的感情，从来不遥远。

第三章

白居易的废文人生

让哥哀伤的不是吃不好穿不暖，是空虚

有人说，唐朝是诗的时代，作诗是士人的基本素养，而且科举都会考。不只是诗，还有文，诗文是一个士人一生事业的起点，也是他往上实践理想的重要台阶。或者说，诗文是丈量能力的尺。

因此，稍有文名的士人都会有意识地收集自己的诗文，年轻时，即裱褙成便于携带的卷轴，带去给名人评鉴，以此得到曝光机会；中年时，则把得意之作寄给远方的亲友交流；晚年时，把一生中的作品分门别类地编辑后，请人抄写，或交给国家管理的史馆收藏，或交给下一代，或交到佛寺、道观等藏有文书的场所。

但是，这些诗文在唐代灭亡后的一千三百年来不停散佚，不管是战争、火灾、水灾或其他天灾人祸，都对唐代文献造成了不可逆的伤害。今日存留下来的唐诗，很可能不到整体唐诗的十分之一，清代所修纂的《全唐诗》仅收录四万多首，造成许多读者“痛苦童年”的《唐诗三百首》，更是选辑中的选辑。

如果说诗文是一个人留在世上的声音，那么有无数的声音就这样消失了。然而在万千唐人中，有一个人的声音仍然超级大，而且始终自顾自地在世界回荡着，那个人就是白居易。

白居易，在语文与历史课本中非常有分量，然而，他的人生始于母亲不快乐的婚姻。白居易的妈妈嫁了一个年纪足可当她爸的丈夫，早早就守寡，孩子又还小，压力当然很大。于是，她带着白居易兄弟开始了寄人篱下的日子，也因此患上了精神方面的疾病，所以白居易兄弟自小就经历了人生中的各种折磨。

白居易在少年时进入长安，试图以科举翻身，也得到了一些长辈的帮助，可是他的运气和家世不像柳宗元那么硬，磕磕碰碰地考了十几年，一年一年，直到三十多岁才算成功当上“公务员”。

就在这时候，白居易遇到身世背景和他极度相像的元稹，加上两人对于诗文的看法也很相似，两人变成知交一点都不意外。他们的交情非常深厚，在两人各自

被贬谪的时候，写下“垂死病中惊坐起，暗风吹雨入寒窗”“微之，微之，不见足下面已三年矣”之类的诗文来思念彼此，完全是有道理的。

为什么呢？大家不妨想想，在你最痛苦的时候，你没有办法打电话向朋友抱怨工作、抱怨人生；在你最伤心的时候，你也无法实时向朋友倾倒负能量；当你接到好朋友的信，信上说他生了很重的病，交代如果死了要请你帮忙照顾他的家人，可是……落款的时间是一年以前，你完全不知道对方是生是死，想去看他，但是不行，官员不可以随意离开自己的辖地。而且就算你三个月都不休假，累积起来的假也只够走个三分之一或一半的路程。因此，白居易跟元稹对彼此的思念，并非矫情。那是一个等待的时代，是发信息已读不回三秒后就会胡思乱想的我们，也得放慢理解才能稍稍体悟的时代。

不过，白居易和元稹最大的差别恐怕是他们的妻子。

白居易有一个没结果的前女友，后来还有一些姬妾，不过，他和妻子倒是白头偕老，共贫同富。由于家里的经济状况不好，白居易一直拖到三十好几才娶妻，在那个时代，完全就是个失败者。白妻杨氏出身高门，她的堂哥们都是当时有名的官员，白居易也因为妻子的关系有了一票大舅子、小舅子的后援，杨氏的亲戚也经常出现在他的诗文中。

如果要说白居易一生中有什么奉行不悖的座右铭，我想很可能是“写诗就是生活，活着就要写诗”，因为他做任何事都可以写诗。因此，在和这些大舅子、小舅子、三叔公、六姨父交际联系或问候时，他写诗；在家里，也不忘给妻子写诗。

白妻杨氏虽出身显贵，但她并非我们印象中那种奔放自由的唐代女性，而是一直以温婉朴素的形象出现。她读书不多，有可能不大识字，遇到本性啰唆、爱写诗的白居易，实在是有点无奈。如果以她的角度来想，她得照顾他一大家子，还要被他一直说：“我可能没什么成就，但是你可不可以学孟光一样举案齐眉呢？”杨氏还是很包容这个啰唆的丈夫的。在白居易的人生中，杨氏的支持相当重要，尤其是如果有一大家子人靠着一个人的薪水吃饭时，持家就是主妇们的工作了。

白居易曾在京城为官，也曾外放到地方。他正常外放时，心情会比较好，甚至会把自家做的长安口味的饼送给朋友；但是在他被贬谪到江州的时候，也就是《琵琶行》写成的那几年，他一开始的心情起伏很大，让人怀疑他是否有病。

有的时候，他告诉元稹：

湓鱼颇肥，江酒极美，其余食物，多类北地。

江州的鱼很鲜美，酒也很香醇，其他的食物和他在北方吃过的差不多，感觉不错。但他有时又写诗给包括元稹在内的其他朋友说：

鼎腻愁烹鳖，盘腥厌脍鲈。

也就是说，看着在锅子里咕嘟咕嘟煮着的鳖，觉得好恶心好哀伤；看到盘子里的鲈鱼，又觉得好腥臭好讨厌……而他有时候吃了还蛮香的白米饭配冬苋菜（当时叫葵菜），明明自己也说白米饭香软、葵菜鲜美，所以吃得很饱，但还是要在诗的最后来个回马枪：“忆昔荣遇日，迨今穷退时。”意思是：“唉，我以前多么风光啊，结果现在竟沦落到吃野菜。”每次看到这里，我实在替南方的食材感到不值。鳖肉的口感其实像裹了太白粉皮的嫩鸡肉，营养价值很高，而鲈鱼、野菜和白米饭搭配起来应该也不差，被他写成这样，实在太对不起盘中的山珍海味。

有时候，我总想，如果我是元稹，或许也觉得头痛，不是前一封信才说不错？现在又在那边说好油腻好哀伤，难道是男性更年期提前来到？

如果你以为白居易只会这么烦，那就错了。我必须再三提醒，白居易是个啰唆鬼，他做什么事情都可以写诗，他早上起来吃了蔬菜配饭会写诗，中午喝了茶会写诗，下午陪孩子玩会写诗，晚上太太叫他穿暖一点也会写诗……因此，我们得以一窥这个男人反反复复的心思，当然，也可以感觉到，当他的老婆还真是一点都不轻松。

在江州安顿下来之后，白居易已经可以接受南方的饮食，于是他吃着鲈鱼喝着酒，又开始放话了："老家没这美味，干吗一直想回家？（故园无此味，何必苦思归？）"

江州位于江西一带，而后，白居易又被派去靠近四川的忠州。这次，他和弟弟白行简一起从江州出发，途中与元稹见了面，接着就溯长江而上赴忠州就任。忠州不像江州有那么多鲜鱼，这下触动了他脆弱纤细又敏感的神经。他随即写信给元稹，说这里土地贫瘠，生计艰难，他吃饭只能吃"饭下腥咸白小鱼"，明明就是很在乎自己吃不好，他却偏要说：

饱暖饥寒何足道，此身长短是空虚。

这十四个字如果翻译成现代用语，就是："让我哀伤的不是吃不饱穿不暖，是空虚！"这种矫揉造作的文青情调，放在今日也不陌生。

好在这唉唉哼哼的贬谪日子，白居易只多熬了一年。

一年后，他就被召回长安，直到两年后转任杭州刺史，后来又去了苏州。在江南的七年很舒服，有钱有地位，白居易也就不再抱怨饮食了，取而代之的，是一派恬淡悠远、与世无争。后来，他重返中央，担任了刑部侍郎、河南尹等重要的官职。他晚年一直住在洛阳，也在洛阳退休。

中年之后，白居易与柳宗元的好友刘禹锡结为至交。因为两人都在南方待过，都能理解对南方食物的感情，在他们年迈时，也曾一起回忆在南方的美好日子。

当时，人们并不是只在端午节吃粽子，他们在夏至也吃粽子。而吃粽子这件事，在汉魏时代还是一种南方的风俗；在唐代，南北文化交流之后，粽子已经是我们现在用糯米做的粽子了，不过各地还是有不同的做法，白居易是这么写的：

忆在苏州日，
常语夏至筵。
粽香筒竹嫩，
炙脆子鹅鲜。

这里的“粽香筒竹嫩”，并不是我们今天吃粽子配竹笋汤的意思。其实，粽子最早就是竹筒饭，在《荆楚岁时记》中说，人们一开始纪念屈原就是用竹筒饭，结果屈原显灵表示：“吃不到啊，要用蛟龙讨厌的楝叶和五色丝线绑在外面我才吃得到。”于是人们才慢慢改进。而后来用竹叶绑成方的，绑成三角形的，绑成长条状的，在里面放入不同馅料，形成各地的习俗。

在白居易的回忆中，苏州人吃的粽子可能是竹筒饭，因为如果只是用竹叶，就没有筒竹嫩不嫩的问题。但是吃过竹筒饭的人应该知道，新鲜的竹膜有一种清新的香气，口感特殊，所以我想唐代的苏州在夏至吃的可能就是竹筒饭。

带着竹子清香的竹筒粽、烧得脆脆的嫩鹅肉，组成了白居易对于南方的美好回忆。

这首诗写于白居易的晚年，当时，他闲居于洛阳过着退休生活，数十年宦游的日子，让他习惯了南方的米饭、新鲜的野菜及饮茶，使他家的餐盘上，除了北方的食物，也有了南方的菜色。显然，杨氏和家厨也都习惯了那样的烹饪方式，甚至南北融合，用牛奶煮粥吃。

白居易笃信佛教，在晚年，他开始多吃蔬菜，尤其是鲜香的竹笋和冬苋菜，常是他的早餐。即使是正餐，他也不再以牛羊肉为主食。这个一路啰唆到去世的男人，写过一首标题极长的诗：《二年三月五日斋毕，开素当食，偶吟赠妻弘农郡君》，让我们得以看见他在晚年的家居人生。

鲂鳞白如雪，蒸炙加桂姜。
稻饭红似花，调沃新酪浆。
佐以脯醢味，间之椒薤芳。

在这顿饭中，杨氏替他准备的是新鲜的白肉鱼，加

了肉桂和姜清蒸，刚煮好的红米饭淋上奶汁酱，再佐以花椒和薤菜调制的肉食酱。

杨氏为什么要准备这些重口味的菜色呢？因为白居易刚吃完长斋，得开开荤。而且不只是白居易食欲大动，就连家里的小侄孙或外孙们，都跑过来围在他旁边，想向爷爷多要几口来吃。

此时，杨氏走进来，她已经是位德高望重的老夫人，受封郡君，却还是被这糟老头一天到晚在诗里叫“山妻”（我家那黄脸婆）。这首诗里，白居易又开了太太的玩笑，他说：

山妻未举案，馋叟已先尝。
忆同牢卺初，家贫共糟糠。
今食且如此，何必烹猪羊。
况观姻族间，夫妻半存亡。
偕老不易得，白头何足伤。

他用自嘲的口吻说："黄脸婆你还没举起小餐几来，我这贪吃的糟老头已经先尝了菜。哎呀，想起当年结婚的时候，家里很穷，委屈你和我一起吃苦，现在我们可以吃得上这样的菜，又何必杀猪吃羊呢？再看看亲戚之间，不是丈夫先去世就是妻子先走，能够一起走到现在不容易了，又何必为了白头发伤感呢？"

我们不知道杨氏的回复如何，但这自言自语、自得其乐的白居易，在他人生的最后，享受了一段平静安逸的时光。

妻子替他准备的小餐几上，既有来自北方的酪浆与肉酱，也有南方的鱼和米。他的人生已经圆满，即便是他多年来的无后之叹，也因侄子过继、女儿产下外孙而得到了慰藉。在洛阳这座交会南北的城市中，白居易毫无遗憾地离开了人间。

在他死前，他把所有的诗文编成了文集，请人抄录完整后，分藏在庐山、洛阳与苏州的三座寺庙中；又把一部传给了侄儿阿龟，另一部交给女儿阿罗，确保世上总有人会把他的诗文传唱下去。

因此，直到今天，我们还能听见一千三百年前的这个男人，在他人生不同时期的碎碎念，也还能看见他的食案上摆过哪些食物。

我小时候很讨厌的白居易，在我长大后试图了解唐代的生活时，提供给我许多有趣的线索。我总想，如果有一天我可以穿越去见他，我应该会对他说：谢谢你，老白，你是万千文史学者的好朋友。

第四章

元稹的酒

有一种梦想，叫与你再相见

在唐代的诗人里，若要说谁的情史最知名，恐怕元稹不是第一也是第二。我总觉得他如果穿越到现代，应该会在网络上被围剿，然后得封“贱男”“渣男”之类的外号。但是他不是现代人，所以他对远房表妹崔双文始乱终弃，还写成小说《莺莺传》的行为，不但没被网友讨伐，还被用来证明他为了事业舍弃会耽误他大好前途的美女……这在现代人看来是无法理解的事，但在唐代是成立的。

年轻的元稹进入长安后，很快求得功名，别娶高门。但这位出身高门、贤惠温顺的千金小姐婚后六年就去世了，于是元稹写诗悼念她，“曾经沧海难为水，除却巫山不是云”说的就是她，看起来真是一往情深深几许。但事实上，妻子去世后不久，元稹跑去四川工作，传说就和成都的名妓薛涛谈了一段若有似无的姐弟恋，然后呢？当然就继续始乱终弃啦！

而后，元稹被贬到南方为官，因为家里没有主妇，朋友看他可怜，就把一个婢女送给他为妾。由于士人不可以娶平民或贱民为妻，所以这个妾室并没有得到太多注目，元稹在贬谪时又常到处跑、不回家或拿薪水去喝酒，直到某天，元稹回家后才发现妾室已经病故，而她身边一无长物，于是元稹捶胸顿足一番之后，来年又娶了一位高门的千金。

看到这里，我相信大家的拳头都已经和砂锅一样大了……但是请少安毋躁，让我们继续看下去。

元稹的身世得从他父母说起。元母和柳宗元的妈妈一样，是“五姓女”[1]，但不知为何，这位千金小姐却嫁给

1　五姓是“五姓七望”的简称，指清河 / 博陵崔氏、范阳卢氏、太原王氏、荥阳郑氏、赵郡 / 陇西李氏五个姓氏七个家族出身的人。由于这七个家族的历史久远，具有优秀的家族学术传承之外，也有雄厚的政治与经济实力，北魏以来，成为社会上最具影响力的家族，在士族中列于最高阶。唐帝国的皇室就属陇西李氏中的一支，但也有学者考证认为，李唐皇室为了自抬身价而冒名依附于陇西李氏。由此可知五姓的地位。五姓家族之间常互相通婚，连接成绵密的人际网络。

元父当续弦。丈夫去世后，元父早年生的两个儿子拒绝养活元妈妈母子三人，于是元妈妈带着儿子回娘家。这悲惨的少年经历，成为元稹从小就不断想往上爬、出人头地的动力。

十五岁左右，元稹先考了比较简单的明经科，取得成为“公务员”的资格，但是明经科想要得到官职的时间长，官位也比较低，所以元稹准备再往更高级、可以补到更好官位的进士和制科前进。[1] 此时，原先不理会他的异母兄才让他回到长安的元家老宅读书。读了一阵子，元稹搬出老家，跑去一所道观读书，蹲了几年没成果后，他摸摸鼻子、款款包袱，离开长安去打工。他当时担任的官职可能很小，小到难以启齿，所以后来他从不提究竟具体在做什么工作，并在此时与表妹相恋。

1　唐人科举，明经科较易，进士科较难，故有唐谚：“三十老明经，五十少进士。”意思是三十岁才考取明经，算是年纪大的；五十岁就考取进士，还算是年轻呢。而在这些常科考试之外，制科是由皇帝下诏临时举行的特殊考试，考取后可直接任官。

而后他再入长安，考科举又失败，从此他舍弃了表妹，专心读书。就在此时，吏部开了一种叫“书判拔萃”的特考，限定已经有公务员资格的人可以报考，已经考过明经科的元稹也有资格入考，顺利考取后，补进秘书省当校书郎，这个小小的官职虽然不太重要，在唐帝国的升官图中却是很好的起点。未婚的元稹在前辈的引荐下，娶了千金小姐，认识了刘禹锡与柳宗元这两个在当时被认为聪明绝顶的天才。

那年，元稹二十五岁，差不多在此时，他遇到了生命中最重要的人。在他的后半生，这个亦兄亦友的男人，是他诗作最常见的主题、最优先的读者与最具影响力的启发者。

这个人就是白居易

元稹与白居易同年考上吏部科，又同梯在秘书省当官，他们和其他的同期常常一起“鬼混”。一群才子在一

起，当然要喝酒，在酒国之中，他们尽情地玩文学，尽情地编织着对前程的大梦。

在后来的人生中，元稹无数次想起这段在长安的日子，那大概是他人生中最快乐的时光。当时，他有点闲钱，有点才名，有个出身高贵的妻子，有丈人和前辈们的提拔，有一票哥们儿，还有一个像哥哥一样照顾他的白居易。永贞革新的风暴对他的影响不大，尽管他对永贞党人的理想抱着同情，但好在他还是个小公务员，没沾到好处也就没有损失。

后来，他和白居易再次参加制科，这两个很会考试的家伙又再次考中，而且被年轻的宪宗皇帝召见，元稹抓住机会，得到皇帝的赏识，一步步地爬了上去，白居易则暂时去外地当官。元稹在三年的朝夕相处后突然感到十分失落：

昔作芸香侣，三载不暂离，逮兹忽相失，旦夕梦魂思……祇得两相望，不得长相随……官家事拘束，安得携手期。愿为云与雨，会合天之垂。

这诗其实不难懂，只是乍看之下，还以为是一首情诗……

早年的元稹有着年轻人的干劲跟斗志，却也倚靠皇帝与师长前辈的庇护，屡屡冲撞官场的潜规则。之后他被流放到南方的江陵，又与柳、刘做了同梯，一样被朝廷召回，然后再被丢到四川的通州，前后七八年。

在贬谪的生涯中，白居易成为他人生中最重要的慰藉。我们在课本上读到的“垂死病中惊坐起”，就是因为得知白居易被贬谪到江州，让元稹吓得从病床上惊坐起来。

大家要知道，那是个没有即时通信也没有手机的时代，一封信通常要花上好几个月方能寄达，有时甚至是知道谁要去哪里后，才托人辗转带信到远方。有一回，白居易在早夏写成的诗，送到元稹手里已经是秋末了，这严重的时间差让元稹非常沮丧。因此，只要收到白居易的信，元稹的心情总是非常激动：

远信入门先有泪，
妻惊女哭问何如？
寻常不省曾如此，
应是江州司马书。

这诗是通过他妻女的角度来写，意思是：“刚收到一封远方来信就先哭了，这是怎么了？平常丈夫（爸爸）不会这样的，应该是江州白司马的信吧！”

元稹不像白居易那么看得开。白居易对于贬谪的人生虽然有时哀叹，但他仍能从生活当中找到一点生存的乐趣；然而对于元稹而言，在谪居地思念着老朋友，在旅途中寻找老朋友的痕迹，几乎已是一种病了……他对白居易说：

朝朝宁不食，日日愿见君。

元稹在贬谪期间生了几次病，白居易会寄药给他，元稹收到药之后很感谢，却又说：

唯有思君治不得，膏销雪尽意还生。

“只有想你的这种病治不好，蜡烛都烧光了，雪都融化了，还是止不住想你。”这真是太肉麻了，不过，像这种“乐天我想你呀”“微之别难过，我也天天为你加油”的诗，双方加起来应该有一百首以上。

文人总是要喝酒的，快乐的时候喝，不快乐的时候也喝；升官的时候喝，贬官的时候也喝。酒里寄托着各种情绪，味道相似的酒会唤起当年在长安的快乐；味道不同的酒也提醒着身在帝都之外的事实。高级酒家与宴会上的酒令人想起功名成就，村里农家与自斟自饮的酒使人感叹世态炎凉。

在当时，还没有蒸馏的技术，所以不管是水果酒还是谷物酒，都是浊酒，酒的浓度都不高，所以唐代那些号称很能喝的人，如果拿伏特加或高粱酒给他们，可能

一杯就醉倒了。当时与其说是喝酒，或许是在比谁膀胱强、喝得多。也因为是浊酒，不耐久放，所以唐人并不崇尚喝陈酒，反而喜欢喝新酒和热酒。酒家门口通常都会砌一个炉来温酒，由卖酒的妹子或阿姨一边热酒一边叫客人来坐，这种揽客场景和现代的槟榔西施差不多。

但在家里要怎么办呢？不要担心，唐代生活小百科白居易都替大家写好了：

绿蚁新醅酒，
红泥小火炉。
晚来天欲雪，
能饮一杯无？

白居易用二十个字描绘了他的冬日小确幸。他搬了个小火炉，找来还没过滤，还冒着泡泡和漂着杂质的新酒，放在火炉上烧，然后对朋友刘十九说：“我看晚一点要下雪了，要不要一起喝一点？”

元白两人都爱喝酒，也常醉酒。元稹在朝廷时，喜欢与同事们一起泛舟玩耍，然后大家一起喝醉，怀着平静的心情，静静地享受着春天。

等到他被贬出长安后，当然也要喝，只是越喝越愁。

在江陵，在庆典上群聚喝酒的乡民们不再说着长安方言，而是一口他听不懂的南方话。尽管他参加了江陵的划船比赛，却无法融入团体，醉酒的欢乐也离他十分遥远。

去通州，虽然“剑南烧春”在唐帝国是名酒，但是元稹无心品尝四川人精湛技艺的酿造，就连滤去杂质的做法对他来说都是不熟悉的，卖酒的妹子也不再是长安城里的金丝猫，而是奇装异服的蜀地阿婶。这回，他不想融入，也不愿融入。

元稹是个纯粹的北方人，纵然四川是他的偶像杜甫曾经到过的地方，他却没能像杜甫那样理解蜀地的丰富物产，就连喝酒都成了一种折磨。

元稹笔下的蜀地，是一个毒蛇、大蜘蛛和可怕小虫横行的地狱，通州的官吏们说着像鸟叫的通州土话，而满山遍野的各种害虫与炙热难耐的天气，简直快要了他

的老命：

黄泉便是通州郡，渐入深泥渐到州。

这种超级看不起通州的文字，如果放在现代，被网友们分享出去，他肯定会被网友围剿：“权贵滚回长安去！”“不爽不要来！”“看不起通州？我们还看不起你呢！”

很可惜，我们并没有看到来自通州视角的文字。事实上，我们太习惯阅读这些人的文字，而常常忽略长安、洛阳以外的人们，其实他们都有自己的心声，这是我在读唐代文献时常要提醒自己的地方。

急于逃离四川的元稹，把希望寄托给身在长安或其他地方的朋友们。一听说白居易又回到长安，回到过去他们曾共度欢乐时光的秘书省，他简直心痛了，因为他觉得只有自己困在满是蚊虫的可怕环境里，哭着自己晦暗无光的人生。

当白居易再度离开长安来到靠海的杭州当官，元稹又心痛了，他说自己“一树梅花数升酒，醉寻江岸哭东风”，我想他哭的不是东风，是不能离开。

白居易成为他与世界联系的窗口，也是他所有的精神寄托，他甚至幻想，白居易能否生出双翼，飞来陪他一起喝酒……就在这种反复忧虑、自怨自艾的情绪中，元稹度过了近十年的时光。他费尽半生力气想青云直上，却经历了漫长的低潮期。他反复思量，如果有一天他能再回到朝廷，他会如何？他的诗并非只是写来消遣的，通过白居易与朋友们，他的诗文从遥远的蜀地流传到长安，他成为当时的畅销作家。

等到朝廷所谓的“元和中兴”大致完成后，元稹也终于回到朝廷。这一次，他再也不是当年冲动莽撞的青年御史，他凭着一座又一座的靠山往上爬。先是宰相令狐楚，后是他在江陵就认识的宦官。因为宦官，宫廷中也开始流传元稹的诗文，他还被称为“元才子”，权贵们争相与他结交，而元稹也不在乎和谁结成一党，也不在乎别人说他没有德行或没有操守。

抛弃了原则，他在长安的官场卷入党争也不意外。

通过宦官，年轻无知的穆宗皇帝信任他，在皇帝的保护下，他一步步地往上爬，舍弃了尊严、脸面和道德感，他只想稳稳地留在朝廷中。

他终于当上宰相，攀上了他那一代的天才们都没登上的高位，出将入相。他再次离开长安后不久，出任浙东观察使，成为一方大员，他喝的酒再也不是自斟自饮的苦酒。他也开始有了一群聚集在门下的文士，在山水秀丽的江南诗酒唱和，豪奢的宴会上，往昔的陪客变成了今日的主人。

然而，元稹并不满足，他仍关注着朝廷的变动，希望有朝一日重登宰相之位。

他终究没能如愿。五十三岁时，朝廷命他前往湖北的武昌军任节度使，他终于爬到了一人之下、万人之上的地位。却在到任不久后得了急病，一天就去世了。

一世拼斗，一瞬间，戛然而止。半生浮华，刹那间，灰飞烟灭。

汲汲营营数十年，抛弃了许多人、许多理想，太怕失去，致使元稹最终迷失在自己的欲望里。他辜负的人很多，看不起他的人也很多；他拥有的很多，失去的也很多。

元稹去世之后，白居易退居洛阳，喝着小酒，过着他含饴弄孙的退休生活，没事就和刘禹锡闲唠嗑，又顺便调侃自己的老伴。

某一天，他在家中看到一些旧纸，那是元稹当年醉酒时留下来的诗。诗文犹在，故人已无，白居易不禁感慨：

今朝何事一沾襟，捡得君诗醉后吟。
老泪交流风病眼，春笺摇动酒杯心。
银钩尘覆年年暗，玉树泥埋日日深。
闻道墓松高一丈，更无消息到如今。

元稹的朋友很多，提拔过的人也不少，但在他死后，真正记得他的人，除了妻女，或许只有白居易和刘禹锡。

原来，这世上，真正在乎他，他也真正在乎的人，其实寥寥可数。

第五章

薛涛与孔雀

原来我从来就不是你的凤凰

唐帝国灿烂光辉的文学史上，女性占的比例相当低，而这些跻身于文学史上的女性，又以后妃女官、妓女和女道士三类为最大宗。造成这个现象的原因，是唐代的仕宦千金不能将自己的诗文外流，甚至是公主、郡主、县主等皇室妇女也不例外。上层社会中，唯有后妃如武则天、上官婉儿或后期的女官宋氏五姊妹之流，能够以凌驾官僚系统的姿态，留下她们的作品。

既然识字的宦门妇女顾忌于社会观感无法展露才华，那么文才，就成为跳脱传统婚姻的妓女与女道士们交游的利器了。

在唐代的才女中，先是官妓、后为女道士的薛涛，虽然身在蜀中，却才气过人、名动公卿，甚至被中唐的诗人们称为“薛涛校书”。她的崛起，与诗人们间的情愫，甚至是最后的归隐，都充满了传奇色彩。但是，当我们仔细查考薛涛的生平时，发现她的故事在后代的渲染中虽然更加丰富，却有太多脱离唐代社会的说法，真实的薛涛究竟是怎样的女子呢？

薛涛在史料中第一次出现，已是及笄少女，当时她的身份是官妓。前面说过，唐帝国将人分作上层的皇室、士族与下层的良人、贱人两大类。其中，良人指的是家世清白的百姓，贱人则是罪犯家属、奴仆与伎人。唐代的“伎”并不全是卖身的妓女，也包括了善于歌舞、演奏、特技，甚至是长于说笑的男女，他们的户籍列于教坊管辖，朝廷需要的时候，可以随时征召。这类户籍上属于贱人的妓女，也称官妓，在中晚唐藩镇中则称营妓，她们也拥有相当程度的技艺，并不全凭卖身。

唐代的户籍制度是父子相承，如此说来，在理论上，妓女的母亲应当也是贱籍，但实际上并非如此，因为妓女很有可能是通过人口买卖而来。这类出身不明者，在一些研究中被称为私妓，以此来与官妓分别。如唐传奇《李娃传》的女主角李娃，就以“二十年衣食之用”的代价来赎身，显然她从年幼时就被卖给鸨母，长达二十年之久。在吐鲁番文书里，就曾记录过许多少女被人口贩

子在边境以较便宜的价格买下后，送往长安或其他城市卖艺、陪酒或卖身。

盛唐是伎乐的光辉年代，喜好歌舞娱乐的唐玄宗召集各地伎人入京，建立起庞大的歌舞团为他服务。有时在皇室宴乐时，他也会命伎人面对楼下的百姓表演，以此与民同乐。唐玄宗的音乐造诣很高，但更重要的是他允许这些艺术工作者发挥他们的才能，他的宽容让许多伎人感激在心，在他寂寞而孤单的晚年里，仍有一些伎人追随左右，不离不弃。

盛唐的歌舞升平，使皇室喜好的乐舞和诗文成为民间妓女吸引客人的必备武器，并延续到晚唐。因为她们的主要客群，还是在帝国中最具消费力的士族。

薛涛的身世在唐代史料中并不明确，但是她从少女时代即能作诗，应当是在年幼时就有相当的文学基础。不过目前无从查考，只知她原先可能是陇西人，至于所谓其父死后与母亲无以为继而沦落风尘的说法，是宋代才出现的记录，可能只是好事者的穿凿附会。

然而，薛涛除了具有天赋的才华之外，也恰好生在唐代文学最多采多姿的时代，并且也生在一个远离兵祸、经济繁盛的地方——四川。在这个繁花灿烂的舞台上，薛涛作为中唐女诗人的代表人物，闪亮登场。

韦皋园中的孔雀

安史之乱中，唐帝国的腹心地带遭到重创，士族四散，百姓流离。但是远离中心的江南、两湖与四川，却在大战之后成为承担帝国财政收入的重要地区。其中，四川因为特殊的地理环境和丰富的物产，从盛唐就开始积极经营，中唐之后更是西部经济的重镇。不过富饶的四川也不是没有战争，由于邻近吐蕃与南诏，四川也是唐帝国西南防线的重要军事据点，盛唐时就设了节度使以便防御。杨贵妃的堂兄杨国忠就遣心腹经营四川多年，以此来掌控唐帝国的外交、军事与财政。

安史之乱后，玄宗、肃宗相继去世，经过代宗一朝

的休养，德宗登基时曾经试图收复河北，但因任人失当、不知军心，一支经过京城、欲往河北平乱的军队哗变，德宗不得已逃出长安。在这场“奉天之难”中，出身名门韦氏的青年官员韦皋由于助朝廷平叛有功，得到德宗的青睐，一路青云直上，四十岁即成为掌控四川西部的西川节度使，直到去世为止，整整在四川待了二十一年。

韦皋在朝廷看来是个不可或缺却又跋扈十足的人物。他盘踞四川多年，以至于朝廷几乎无法干涉四川的内政，他晚年积极地想从朝廷手中将整个四川的藩镇都纳为己有，因此涉入了长安的政治斗争。虽然如此，在四川人的眼中，韦皋却是豪爽爱民的大将，他对待将士极为慷慨，又高薪礼聘许多人才为己所用，一时之间，使得四川成为长安之外的文化中心。

韦皋的慧眼不只在于提拔男人，他也看中了薛涛的才华，在他的宴会上，薛涛以其卓越的才思与敏捷的反应得到韦皋的欣赏。现代的爱情故事中，男女之间的倾慕欣赏，总是走到非君不嫁、非卿莫娶的结局，但是在唐代，这段大将军与小女子的情愫，却使韦皋为薛涛提供了一个展示自己的舞台，薛涛得以在他的庇护之下，于觥筹交错中展现她的才华。

此时，南越国为了巴结韦皋，特地送来孔雀，藩镇不知如何安置这毛羽璀璨的珍禽，薛涛便倡议替孔雀开辟一方园地，韦皋从之。由此，孔雀就成为韦皋治理西南的重要象征，而这位大将对于这个灵秀机敏的小女子，与其说是怀有男女之情，不如说是将她作为他展示帐下人才济济的重要门面。

韦皋帐下拥有许多年轻的官员，大多经由科举取得功名，薛涛在这些年轻人中也毫不逊色。在唐代，科举出身的官员通常第一任官是“校书郎”，是唐代官制中一个极小却象征着拥有科举功名的官职。女儿身的薛涛虽然无缘于科举，却在韦皋帐下被称为“校书”，尽管不是真实的官职，却也显示出她的才学卓越。

少年薛涛高傲而莽撞。有一回，朝廷派来一名刺史，在宴会行酒令时，这位刺史显然不懂规矩，于是被薛涛狠狠地奚落了一番。这位年轻才女在节度使的保护下，显然拥有许多特权，此后，连朝廷的使节都必须先贿赂

薛涛才能见到韦皋，而锋芒毕露的薛涛，也毫不客气地收下了这些金帛。人们捧着她，致使薛涛以为这些名利都是她应得的，也确信韦皋不会过问。但是，当她收下朝廷的贿赂时，就已经触及了韦皋的底线。

那一年，薛涛不过十七八岁，她年少得志，侍从于韦皋身边，名利双收。但是，当韦皋知悉她受贿的消息时，一怒之下将她贬往松州，一个吐蕃与羌人杂居的边疆州郡。薛涛这才明白，她不是翱翔于天地之间的凤凰，只是韦皋园中的孔雀。

万里桥边女校书

闻道边城苦，
而今到始知。
却将门下曲，
唱与陇头儿。

这是薛涛受贬至松州的心情，在这座边城里，没有人明白她的文才，她只是个普通的官妓。为了脱离松州，她不得不再三写诗恳求韦皋让她回到成都：

萤在荒芜月在天，
萤飞岂到月轮边。
重光万里应相照，
目断云霄信不传。

显然韦皋一开始并没有回应，她的姿态也越来越低：

按辔岭头寒复寒，
微风细雨彻心肝。
但得放儿归舍去，
山水屏风永不看。

屏风是区隔内外之物，薛涛为了返回成都，向韦皋表示此后再也不涉足政事。韦皋并没有这么简单就回心

转意，薛涛不得不写了十首诗，以十种离开主人的心情，表达自己对韦皋的依恋之情，诗题的《犬离主》《鹦鹉离笼》《珠离掌》……都显示出高傲的薛涛在现实前不得不低头的惶恐与卑微。

薛涛在松州的时间不到两年，韦皋似乎觉得她受的教训够多了，于是让她回到成都，并让她脱离了官妓的身份。薛涛搬到了万里桥边，但仍然应邀前往各种酒宴，并与四川的官员们持续来往。只是这一去一返，让薛涛看尽人情冷暖，从此，她渐渐地低调行事。与她同时代的诗人王建，就曾有诗赠她：

万里桥边女校书，
枇杷花下闭门居。
扫眉才子知多少，
管领春风总不如。

二十年过去，韦皋去世之后，新任西川节度使因不服朝廷的命令而被剿灭，西川迎来了新的节度使们，他们大多是曾在韦皋帐下的人。岁月流年，带走了薛涛的青春年华，带来一首又一首锦心绣语，就在薛涛年届四十时，另一个男人闯入了她的生命。

别后相思隔烟水

韦皋去世的时间，正是王叔文、柳宗元等人主导的永贞革新失败之时，德宗的孙子宪宗登基，这位踌躇满志的年轻皇帝是唐代的中兴之主，他在位的十余年是唐帝国力图振作的时代。

此时，元稹以监察御史的身份前往四川彻查藩镇的不法情事。元稹一生辜负了许多女人，这个风流才子自然也久闻薛涛大名，急于一见。因此，当时的剑南节度使特遣薛涛去见元稹，希望消磨元稹的锐气，却没想到，元稹此行与节度使正面冲突，也没想到最后会是薛涛动了真情。

在薛涛的诗作中，有首诗写于元稹离川之际：

芙蓉新落蜀山秋，
锦字开缄到是愁。
闺阁不知戎马事，
月高还上望夫楼。

这首赠别诗中，薛涛自言为妻，却不曾写明对方是谁，传说，有可能是写给元稹的。薛涛当时已然是美人迟暮，元稹却只三十出头，正是踌躇满志之时，其才情风流自有迷人之处，但是他有皇命在身，与薛涛的恋情恐怕是不能公开的。

薛涛的等待最终没有结果，这段姊弟恋无疾而终。元稹终究是个薄幸之人，直到多年以后显达了，他才敢写诗回赠薛涛：

锦江滑腻蛾眉秀，幻出文君与薛涛。
言语巧偷鹦鹉舌，文章分得凤凰毛。
纷纷辞客多停笔，个个公卿欲梦刀。
别后相思隔烟水，菖蒲花发五云高。

诗中虽然多有称赞，却不过是一纸空言罢了。

像薛涛与元稹这样的故事，在唐代并不少见。中唐是唐代文化的成熟期，有才华的士人也常被节度使们破格录用为幕僚，在地方与中央之间流转为官，此处作别之人，也不定何时又重逢。

于是，唐代的笔记中出现了许多士人与地方的妓女们一见钟情的故事，只是故事有时以离别作结，有时也能有美好的结局。悲喜之间，常常取决于地方长官的态度，若是遇到了豪爽明理者，通常会遣人成就良缘；但是也有心胸狭小者，造成了爱情的悲剧。

然而，有时造成悲剧的不是人，而是时间，是距离。有另一个故事，发生在一位外交使节身上。这个使节奉命前往新罗（今朝鲜半岛国家之一）担任册封新罗国王的册赠使，他在山东半岛的青州登船，因屡遭风浪，不得不暂留青州，因此，与当地的妓女段东美相恋。而后，使节前往新罗时染疾，屡屡梦见段东美出现于梦中，不久就病死了。副使护送他的棺木回到青州，段东美闻知此讯，身穿素服来到驿站里致祭，最后哀恸过度而死。

不过，薛涛并没有为元稹而死，在元稹离去后，她没有受到影响，依然过着自己的生活（当然，也有学者认为现有的记录无法确证元稹与薛涛的恋人关系）。她在年迈之后，传说成了女道士，除了隐居学道之外，也开始制作各种花笺自娱。由于她喜欢深红色，因此制作了许多色泽浓艳的花笺，后来也成为四川的名产“薛涛笺”。

薛涛约在唐文宗太和年间去世。当消息传到长安时，旧识们纷纷以诗悼之。这位与李季兰、鱼玄机等并称为唐代女冠诗人翘楚的才女，一生未嫁，亦无传人，只剩下一纸薛涛笺，衬着她那清丽如山岚一般的诗，流传至今。

第六章

长安城之恋

缘分就是，有的被拾起珍藏，有的随水而逝

公元7到9世纪的世界上，可能没有一座城市像长安一样拥有那么多的故事。

作为唐帝国的首都，长安除了本地居民之外，更聚集了来自帝国各地的商旅、士人、军人、官员与他们的家眷。多达百万的住民，他们的悲欢离合与长安的命运相连，使长安城不只是他们人生的舞台，更成为故事中的重要角色。而围绕着长安城留下的史料，加上今日在古长安范围内进行的考古挖掘与研究，组成了堪称“长安学”的丰富学术成果。

“长安”这个名字诞生于汉初，与汉代修建的长安城一起沿用了数百年。世道变迁，当隋帝国统一南北朝后，有必要审慎选择新帝国的首都。而当时汉长安城屡遭兵祸、土地盐化，再也无法承担一国之都必然的人口负荷，加上隋篡夺北周，城中不时传出北周皇族鬼魂作祟的传说，迫使隋在汉长安城的南边重新规划了新的都城，命名为大兴城，到了唐代，又将大兴改为长安。因此，唐长安城与汉长安城虽然同名，却是不同的城市。

唐长安城大致上沿用隋代的设计，只更改了一些坊名。从空中鸟瞰，长安城的北面是政府机关所在的皇城，皇城的北方则是皇帝所在的太极宫。太极是宇宙万物生成之始，一条朱雀大街从皇城的正门朱雀门往南延伸，

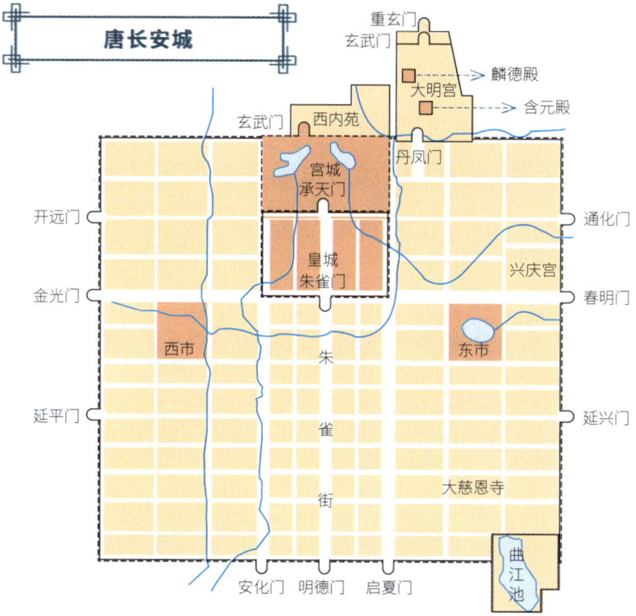

将整座城市一分为二，如太极生两仪，而东南西北中五个方位各有象征的祭祀地。这样的结构，显示了时人的宇宙观——长安城不只是人间的国都，也是宇宙运转的中心。

尽管长安有着崇高神圣的意义，但在城中生活的人却非神仙，大多数人仍为生活劳碌。不过在文学作品中出现的长安人，常以悠闲的姿态，等待着四季变化带来的乐趣。

长安人习惯耐心等待——等待花开，等待夏夜，等待秋天烤熟的栗子，等待冬季不太常见的大雪……除此之外，还等待着每年正月解除宵禁举国同欢，等待三月曲江边上全城戏水玩耍，等待不知何时会送来的书信，等待不知何时会返乡的亲友，甚至等待仓皇逃离的皇帝再次归来……因此，长安的故事里，也有许多是关于等待与错过。

长安之春——人面桃花

春天是长安最美的季节，这个时节，也正是科举发榜的时候。城中穿梭来去的人，有不少是来自外地的读书人，不论失意或得志，都要趁着花开之际，折下一枝东风，翩然而过。

有个故事是这样说的，一名落第的才子崔护在春天踏青独行，来到一棵盛开的桃树下。那一日，桃花纷飞，见得树下有户人家，才子便去求水，一名少女从门缝中与他问答，才知他是博陵崔家的人，那是一个延续长达数百年的名门，一个百姓不可能高攀的家族。才子与少女攀谈，而少女只是深深凝望不语，最后才子只得离去。

来年，才子又在桃花时节来到桃树下，只见门扉深锁，于是才子留下了一首诗：

去年今日此门中，
人面桃花相映红。
人面不知何处去，

桃花依旧笑春风。

几日后，才子又去，一名老翁走出来，指责他害死了独生女。才子大惊，问起缘故，才知原来少女几天前看见诗后，因为绝望，绝食而死。才子闻言，请求入内致哀，少女容色如生，仿佛刚睡着一般，才子抱起少女尸身，放在腿上，抱着她的头大哭：“我在这里，我在这里！”在才子的呼唤下，少女复活，最后嫁给了梦中情人。

不过，之前我在前面薛涛的故事中说过，良贱不能为婚，士族与没有官衔的良人也不能成为夫妻，一个五姓男子几乎不可能迎娶平民少女为妻，就算迎娶也只能是妾。所以这个美好的结局，从现实面来看，不大可能成真，只是在故事中仍然圆满，或许也是长安的春天不适合太多离别。

夏日错恋——《霍小玉传》

说到陕西，一般人的印象都是一片黄沙，不过在一千三百年前的长安城，四周有许多树林，曾经号称“绿海”，夏天不像现在那么热，但对于养尊处优的贵族而言，还是很不舒适。加上南高北低的地势，使得夏季暴雨常常灌入皇城与太极宫，在气候与水患的压力下，初唐的皇帝们便在长安东北的龙首原上兴建了大明宫。盛唐时代，大明宫取代原先的太极宫，成为唐帝国的政治中心，也是许多士人与官员的梦想世界。

中唐时代的一个故事就发生在夏日的长安。刚考上科举的青年李益在六月时来到长安，预备参加制科考试，考取之后可以得到很好的官职。拥有这样大好前程的男子，总不乏有人介绍妻室。此时，有人向他介绍了一位美女，名叫霍小玉，她原是一位亲王的女儿，因为母亲出身低贱而被兄弟赶出王宅，不得已沦落为妓女。

历史小知识

外室

除了妻与妾之外，唐代的男人还有可能在外养情妇，这种情况称为“别居”。情妇所生的孩子常在父亲死后发生财产纠纷，因此，唐帝国曾下令，如果外室所生之子没有被生父领回家入籍的话，就不承认其身份。

才子佳人，年貌相当，自然是山盟海誓、难分难舍，两年之后，李益果然考取制科，分发到外地任官。临行之际，霍小玉殷殷嘱咐，李益也再三保证安顿好了之后必来迎娶，两人就此分别。没想到李益刚到任，其母就为他定了婚约，他既不敢违抗母命，也不妥善安置霍小玉，想令霍小玉自己断了念想。

痴情的霍小玉仍在长安城中等待，全部的信都被已读不回。耗去了青春，也散尽了家财，贫病交加中，她不得不质当了父亲留给她的紫玉钗来维持生活。不料玉钗被宫廷玉匠瞥见，认出是亲王从前命他所做，因而将此事禀报给一位公主。公主感叹之下资助了霍小玉的生计，却不过是延长了这场爱情悲剧。

而后，霍小玉病重，急于见李益一面，而婚期将近的李益虽已回到长安，却没有勇气面对被他抛弃的霍小玉。最后，一位侠士听闻此事后，半骗半掳地将李益带到霍小玉面前。面对负心人，霍小玉的爱与恨一样深重，她不惜使自己化作厉鬼，诅咒李益永远无法得到幸福的婚姻。

此后，李益成为一个忌妒的男人，他无法忍受任何男人接近他的妻妾。故事的最后，以一种悬疑的手法铺陈了李益病态的占有欲。究竟是霍小玉的诅咒成真，还是这段爱情已成李益永远的心魔？

一叶知秋——红叶诗

长安城地势最高的地方，是城南的芙蓉园。由于此处拥有战略上的优势，不宜让百姓居住，所以隋代建了

芙蓉园，作为离宫。

芙蓉园外的曲江池则开放为百姓可以游玩的场所。春夏之际，这里无疑是长安百姓的游憩之地，但在入秋之后，就显得萧瑟许多。

曲江的水一路北流，进入城中，穿过行人往来的桥下，与其他沟渠汇合，成为皇宫外的御沟水。御沟到底有多长、有多深？目前没有确切的答案，但是围绕着御沟发生的故事，却有着相同的脉络，那就是寂寞。

唐朝可称是欧亚大陆的庞大帝国，为了彰显帝国的实力，唐代的皇帝们除了兴建宫殿之外，也拥有大批宫女。盛唐时代的宫女甚至多达三万人，然而当中只有极少数人能飞上枝头当凤凰，其他则一生埋没于宫中，至死方休。除了人们普遍传说的“幽怨”之外，恐怕更多是看似永远不会结束的绝望，说到底，就是如深秋一般的寂寞。

因为寂寞，许多宫女只好寻求精神上的寄托，有的成为佛教的虔诚信女，希望以今生的功德换取来生的幸福。这种心情体现在陕西扶风县的法门寺地宫中，法门寺中的佛指舍利在唐代曾数次迎至长安，由于舍利被视为佛陀本人，所以供养舍利的行为也被认为是极大的功德。

历史小知识

佛骨

传说佛陀圆寂后火化，遗下了部分的骨骸与八万多颗舍利子，平分给八位国王，各自建塔供奉，在阿育王时又重新收聚大部分的舍利，平分为八万余份，分往各地建诸塔供奉，佛陀的舍利也流传到东亚各国。法门寺中的舍利是佛的指骨，为了防止有人偷盗，还另外做了几个“影骨”来混淆视听，其中一枚影骨是白玉做的，另一枚可能是中古时期的人骨，推测原是某位高僧的指骨，而地宫中还有一枚确定亦是人骨，年代也与佛陀所处年代相去不远，便是佛指舍利。

晚唐最后一次送回舍利后，地宫旋即封闭。千年后首度开启时，人们发现除了官方列表的宝物之外，还有许多没列在清单上的小东西，大多属于女性常用品，推测很可能就是宫女们的供养品。

除此之外，晚唐也有许多关于宫女的故事，其中版本最多的，当数红叶诗。由于唐代律令规定，宫女不得擅自与外人联系，若是被发现，双方都有可能被处死，而在盛唐以前十分活跃的宫女集团，后也因皇帝的打压而无法再随意出入宫禁。

中晚唐的皇帝们为了显示仁德，放出年纪较长的宫女，让她们出宫嫁人，以此降低后宫的怨愤之气，并向上天昭示自己并非无道昏君。

红叶诗的背景就出现在这个时代。诗中的主角有不同的名字，故事也有《题红怨》《流红记》等不同的名称，但故事的结构是一样的。男主角都是来长安参加考试的士人，他们散步到御沟附近，在落叶中发现了一张写有诗句的红叶，上头的诗句是：

水流何太急，
深宫尽日闲。
殷勤谢红叶，
好去到人间。

或许诗中的寂寞情感触动了这些男主角，使他们将叶子收了起来，在往后的日子里暗暗地想，这些诗句究竟出于怎样的女子之手？

其中一个版本的故事中，男主角也在红叶上题了两句诗：“曾闻叶上题红怨，叶上题诗寄阿谁？”并将红叶再放回御沟中。

数年后，男主角们或是登科为官或是下第不仕，最终都在皇帝放出宫人的时候，偶然地与一名宫人结成良缘。最后，宫女在丈夫的衣箱找到了红叶，发现这段缘分早有前定。

红叶诗的故事大多有着良缘得偕的美好结局，其中最完整的版本出现于晚唐到宋代之间。故事的男女主角甚至在战争中逃往四川之后得以拜见皇帝，并得到了皇

帝的祝福与赏识，最后儿女成行、夫妻和美。

但在另一个版本的故事中，男女主角相遇却是在皇帝逃往四川的时候。当时长安大乱，宫人也不得已逃出皇宫，两人遂于一户民家中相遇、相恋，在乱世中无法独行的女主角委身男主角，两人相偕逃往较为安全的四川。行经绵竹时，一个路过的宦官发现了女主角，逼着她上马，要带她回到皇帝身边。失去情人的男主角十分沮丧，不过当天晚上，女主角又回到了他身边，表示自己贿赂宦官，只为与他相守，于是两人相偕回到男主角的老家。

数年之后，男主角生了重病，一名道士说他面带邪气。此时，宫女才坦承自己被宦官带走时就已自杀身亡，只因感受到情人的思念之情，才追随至今。但毕竟人鬼殊途，为了情人的性命着想，最后宫女与男主角置酒诀别后，悄然离去。

秋天给人的感觉既有萧瑟，也有丰收。红叶诗的两种结局，如同御沟中的秋红，有的得以被拾起珍藏，有的则随水而逝。

雪中真情——《李娃传》

在诸多唐代的传奇中，《李娃传》的故事通篇发生在长安，其中透露的长安风俗和主角们于巷里间来去的身影，增加了故事的魅力。

《李娃传》的男主角郑生也是入京赶考的名门子弟，他与李娃的相遇是标准的欢场情缘，并为李娃挥霍了所有财物。而后，郑生遭到李娃与其鸨母无情的抛弃，身无分文之后方知柔情不过是骗局，而他也无颜向亲友求助，最后，只好凭着名门子弟的风度与天生的好歌喉，到专营丧葬事务的凶肆[1]中唱挽歌为业。

他在凶肆中很快得到了同事们的欢迎，并成为长安城中有名的挽歌歌手，在长安两间最大的凶肆于天门街上比拼的时候，他也特别被延请去唱歌。天门街是长安皇城的最前方，也是长安最醒目的广场，郑生的哀婉歌

1 古时专门替人办理丧事的店铺。

声在比赛中成为焦点，却也因此被前来长安述职的父亲发现独生子竟在从事这样的工作。郑父气愤难耐，将儿子带到人烟稀少的城南，打成重伤后丢弃现场。

还好，郑生的同事们将他救回，可是他的伤势过于严重，不久，连凶肆中人也不大愿意理会，郑生只得沦为乞丐。长安城的历史上，冬天其实不常有大雪，却偏让郑生遇上了。尝尽人情冷暖的他在大雪中沿街乞讨，最后冻倒在一户人家之前。他的声音引起屋主的注意，屋主开门一看，四目相对，令郑生惊诧的是开门之人竟是李娃，这座大屋是她的新宅。看见往昔的翩翩公子沦为乞丐，李娃感到十分自责，她以身上的绣襦盖住又臭又脏的郑生，将他带回家中照料，并资助他读书、重回科举考场。

而后，郑生终于完成当初入京的目的，成为一名官员，但他不像李益那样绝情，反而执意地要求李娃与他成婚同行，李娃却拒绝了。不过在郑生以死相胁之下，李娃勉强同意与他一起到剑门才分手。两人来到剑门，没想到郑父也在此地，父子相认之后，郑父才知道李娃的事，并促成了李娃与郑生的婚事。而后，随着郑生平步青云，李娃也终受封为汧国夫人，成为当世所称道的贤妇。

李娃的故事结束于9世纪左右，而长安城中的故事，则在10世纪初画下句号。在唐帝国灭亡前三年，军阀挟持着皇帝离开长安，并拆毁了当年以倾国之力兴建的皇宫，将所有的物品丢入河中，让水流带往洛阳，逼迫百姓迁往东方。在震天的哭声中，长安城失去了三百年来的首都地位，也失去了在文学上璀璨闪亮的位置。

二部曲

人生无常，盛衰何恃

——那些千年不变的人生规则

第七章

杜甫的护唇膏

我的一生已然辉煌过一次

前些日子，朋友自己做了护唇膏，我去拜访时，也“受赐”了一条。在此之前，我托另一位朋友买了新的面霜，这两件东西带回家之后，放在桌上，不禁让我想起了一位不是那么熟的朋友，他曾经拿到一样的东西，然后高兴地写了一首诗。

这位朋友，想必大家在课本里都读过他的名字。他叫杜甫，江湖人称杜子美、杜工部，后人给他取了个听起来很了不起的称号“诗圣”，好像他的诗被当时的人奉为圭臬。事实上，在唐帝国近三百年、加起来数以百万计的官员中，他在政治上并没有太大的成就。他在生前并不那么有名，死后也被埋没了很多年。

不同于全身上下连毛孔都散发着光芒的李白，杜甫的光芒并不显著。他是个努力的人，是那种在小时候妈妈会用来砥砺你要好好读书、勤能补拙的例子；当然，妈妈不会告诉你，其实他这一生都过得很辛苦。

杜甫虽然出身还不错，却不是有钱到躺着就有官做的程度；他娶了一个不错的老婆，但妻家也没有好到让他可以少奋斗二十年；他书读得很不错，但没有强到让他一次就获得考官青睐。就像一般的士人一样，杜甫努力地读书，努力地找工作，努力地赚钱养家，努力想带家人远离战火……可是时运并不向着他，他辗转于天地之间，始终没能找到一个长久的容身之地。

当然，转职率高有一定的个性问题，但是我们今天并非在讨论他有多白目，而是要说说在他人生中那少数一闪而过的光辉，也就是，他的护唇膏。

相对于湿暖的南国，长安城的冬天还是比较干燥，不注意保湿就会造成皮肤的问题。所以，冬天的保养品是不可少的。那么，唐帝国的人，尤其是消费得起保养品的达官显贵们，都用什么保养品呢？

其实林林总总还不少，大致就分成“口脂”与“面药”。请不要看到脂肪的“脂”就很惊吓，脂就是油膏，换成现在的说法，口脂就是护唇膏，面药就是面霜。

一想到古代的保养品，大家可能想到的是中药房里一

罐罐一瓶瓶用瓷器装的东西。当然，做好的保养品直接放在瓶罐里是很简单的，但是，条状的护唇膏的存在历史其实源远流长，在一千多年前的医书《外台秘要》中曾明确记录如何制作出一管一管的护唇膏。简单地说，就是拿一根小竹子取无节的一段，从中剖成两半，用纸把竹子连着底部包好，用绳子紧紧缠裹，然后把做好的口脂灌进去；冷却之后，打开纸，把竹子分开，再放进象牙或银管里就成功了。

其实现代人制作护唇膏也是用差不多的方法，只是工具从竹子变成塑料管而已。

至于这些面药的制作方法，可就多了，目前只能从孙思邈的《千金翼方》和《外台秘要》中找到一些记载，如果翻译成现代保养品的文案，还蛮有趣的，以下从中选录几则改给大家看看。

急面皮方：

处理好大猪蹄，加上水两升和清浆水一升，放在用油脂浸过的铁锅里煮成胶洗脸，再和在澡豆（捏成豆状的洗颜粉）里，晚上涂脸，早上用浆水洗掉，可紧致脸皮。

急面皮方

纯天然胶原蛋白洗面乳

用法

不渝釜中煎成胶以洗面，
又和澡豆夜涂面，
晓以浆水洗，
令面皮急矣。

配方

大猪蹄 一只，治如食法
水 二升
清浆水 一升

功效

夜间可做冻膜使用，
免洗净，快速除皱，
一夜使肌肤紧致拉提。
※爱护海洋，拒用鱼皮胶原。

面药方：

朱砂粉、雄黄粉和水银霜各半两，胡粉两团，黄鹰屎一升。以上五种材料和好之后，先把脸洗干净，用一两的药和上面脂，调到浓稠的状态。晚上睡觉之前，先用澡豆洗脸，手擦干，用药来擦脸，厚薄大概是平常用的面霜厚度，然后按摩脸部，让药渗入皮肤之后再去睡

面药方

医美等级高效美白霜

功效

纯天然矿物萃取，配合疗程使用，不可随意洗脸，两周还你净白肌肤。

配方

黄鹰屎 一升　雄黄（研）

朱砂（研）水银霜 各半两

胡粉 二团

用法

上五味合和净洗面夜涂之。以一两药和面脂，令稠如泥，先于夜欲卧时澡豆净洗面，并手乾拭涂面，浓薄如寻常涂面浓薄，以指细细熟摩之，令药与肉相入乃卧，一上经五日五夜，勿洗面，止就上作妆即得，要不洗面。至第六夜洗面，涂一如前法。满三度洗更不涂也，一如常洗面也，其色光净，与未涂时百倍也。

手膏方

天然矿物萃取汉方护手霜

功效

萃取植物和天地灵长之精华霜。

配方

桃仁杏仁 各二十枚，去皮尖

橘仁 一合　赤匏 十枚

大枣 三十枚

辛夷 仁芎 当归

牛脑 羊脑 白狗脑

各二两，无白狗，诸狗亦得

用法

上一十一味，先以酒渍脑等，又别以酒六升煮赤以上药，令沸停冷，乃和诸脑等，然后碎辛夷三味，以绵裹之，去枣皮核合纳酒中，以瓷器贮之。五日以后，先净讫，取涂手，甚光润，忌近火炙手。

觉。擦第一次的时候，五天五夜不要洗脸，要化妆就直接上妆，千万不要洗脸。第六天晚上洗脸，再涂一次，反复三次之后就不用再涂了，之后就可以随便洗脸，让脸色光净，比没涂的时候明亮百倍。

手膏方：

先用酒泡着牛脑、羊脑、白狗脑，然后用六升的酒把桃仁、杏仁、橘仁、赤匏煮到红，放凉之后和三种脑和在一起，然后把辛夷、仁芎、当归弄碎，用棉布裹着，去掉枣子的皮核后泡在酒里，用瓷器储藏。五天后，先把手洗干净，再拿来涂手，很光润，但是不要太靠近火，会烫伤手。

口脂方：

以熟朱、紫草末、丁香、麝香和着甲煎（甲香、沉香、丁香、藿香、熏陆香、枫香膏、麝香和大枣等高级香料做成的香膏）做成膏状，放在匣子里，就是甲煎口脂。如果没有甲煎，就是唇脂，不是口脂。

口脂方

手工草本护唇膏

功效

天然草本手工制作，无添加物。

※本品含麝香成分，孕妇请勿使用。

配方

熟朱 二两　紫草末 五两

丁香 二两　麝香 一两

用法

上四味，以甲煎和为膏

盛于匣内即是甲煎口脂

如无甲煎即名唇脂

非口脂也

看到这里，大家可以知道，其实唐人对皮肤的要求，就是“紧致、拉提、美白、保湿”，实在和现代人没有很多差别。话又说回来，那么，杜甫是否使用过前述的保养品呢？

说真的，他到底用的是哪些配方，我们并不知道。但是，他确实曾经收过保养品礼物，是谁没事送保养品给他呢？是唐玄宗的儿子，肃宗皇帝。因杜甫在战争中仍一片赤诚前来投奔，肃宗授予他左拾遗的职位。

这其实是唐代的宫廷风俗。皇帝在正月会颁赐口脂、面药给大臣，不是人人都有，只有亲信、宰相、北门学士和谏官可以得到，杜甫就属于谏官。换言之，收到这些保养品，就显示你是皇帝所看重之人，收到礼物的人要写一篇文章感谢皇帝。

这些东西是谁做的呢？在朝廷的编制中，主掌皇帝健康情况的是殿中省尚药局，局里有两个“合口脂匠”编制，换成现代的说法，这两个“公务员”可能叫“护唇膏技师”。他们具体的工作内容并不明确，是不是所有皇帝自己用或送给大臣的护唇膏，都是交由他们来制作？这个我无法确定。但我认为，如果是由皇帝颁赐的礼物，实在不可能买现成的回来，然后打上“× × 皇帝赠”之类的字样送给大臣，反倒正因是皇帝用来显示恩德的礼物，由皇帝御用的匠人制作，似乎更合情理一些。

对于重臣或皇帝本人而言，这只是个例行公事下的小用品，但是四十六岁的杜甫初次收到这个礼物，欢喜

地写下了这首诗：

腊日常年暖尚遥，今年腊日冻全消。
侵陵雪色还萱草，漏泄春光有柳条。
纵酒欲谋良夜醉，还家初散紫宸朝。
口脂面药随恩泽，翠管银罂下九霄。

腊日，在现代是农历十二月初八，但是在唐代，是以节气大寒之后遇到的第一个辰日为腊日，是一年中最冷的时候。杜甫写这首诗的时间是唐肃宗至德二年（757），这一年，安史之乱仍在持续，但西边已重归唐廷，已然退位的唐玄宗从四川回到长安，看起来，唐廷已积蓄了足够反击的力量。

当然，对杜甫而言，最令他感到今年冬季比往年温暖的原因，是他担任了左拾遗。这个官职虽然不是非常高，却是唐代的中枢机关门下省中一个很重要的位置。

大家在课本里都学过，唐代是三省制，中书提出政策，门下审核，尚书省分给六部来执行。那么，三省当中谁比较大？一般都会说尚书省比较大，因为它编制最齐全。

事实上，尚书省的工作就是执行中书省的政策，不能拒绝，唯一可以反驳中书省意见的机构，就是门下省。所以在盛唐之后的三省制，其实逐渐走向以中书门下为主，以至于皇帝如果要任命原本没有资格成为宰相的官僚入阁，就必须先给他配个“同中书门下三品”的头衔，表示“这个人就视同在中书或门下的三品官”。

门下省还有一个重大的权力，叫作“封驳”，包括了“封还”和“驳正”。皇帝的诏命或敕书都必须经过门下省，如果门下省觉得不妥，可以用“封还”把它退回，拒绝执行；觉得哪里有错，也可以使用“驳正”退回要求改正。门下省可以说是国家的刹车机制，能进入这个体系，就掌握着一个国家的方向。杜甫被选入了门下省，他的工作是向皇帝提出谏言，这个职位也象征着一个人的刚正不阿，因此能得到这个位置，是个重要的肯定。同时，尽管这个职位品阶不高，却能亲近皇帝，做得好，就能得到皇帝认同，一步步往上实现梦想。

至德二载的冬季，是杜甫一生中少有的灿烂时光。在一片冰冷的雪景中，他不觉得冷，他看见了金针花的嫩苗，明明是萧瑟的柳条，在他看来却隐约露出了春天的信息。可能是在下班回家的路上吧，杜甫正盘算着晚上喝个通宵。

是什么事让杜甫那么高兴呢？

因为他今天受赐了皇帝的保养品，他怀中的护唇膏可能是象牙或银管制成的，上面或许镶着翡翠、琉璃或

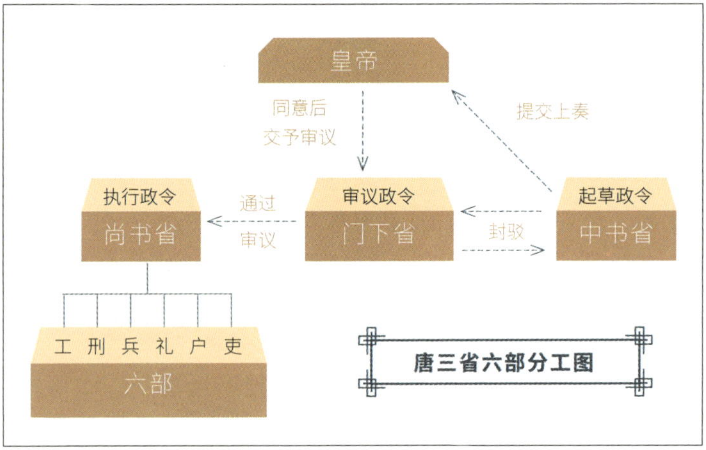

翠鸟的羽毛，是他平常不会得到的。至于面药，金盒或银盒上面打着香罗结，旁边是皇帝亲手写的墨敕。

若是重要的大臣，都是由内侍将赏赐亲送到家。但从杜甫的诗看来，他的赏赐可能是在上班时被统一发送的，所以他一路把礼物带回家。

揣在怀中的口脂面药，用象牙、金银与翡翠点缀的美丽器皿盛装着，一切都那么美好。清冷的冬季，曾经令杜甫悲愤吟诵“国破山河在，城春草木深”的长安城，或是曾有落魄王孙走避的巷弄，在至德二年可能都没有太大的改变。但此时的杜甫心中充满希望，期盼已久的人生春天即将到来，他深信不疑。

那是杜甫第一次，也是最后一次拿到皇帝的赏赐。来年，他被贬谪，永远离开了门下省，再也没有回去。

读这首诗的时候，我常常在想，如果时间可以停在至德二年的深冬，就好了。

杜甫，你也是这样想的吗？

第八章

上官婉儿与她的老板们

唯有一个女子，可以丈量天下英才

2013 年，在陕西的一处建筑工地附近，考古人员发现了一座唐代墓葬。墓葬全长 36.5 米，有五个天井、四个壁龛，墓室塌陷，连地砖也被揭起，没有任何壁画。

墓葬中只有一些陶俑陪葬品，没有安置尸骨的棺木或包覆棺木的石椁，只余零星的小骨块，最后证实这些骨块也不是人骨。从考古学的角度来说，这是一座空墓，墓主人的陪葬品与尸骨可能已被迁移到另一个地方去了。

然而，墓葬中留下了一块青石板及同材质的石盖。这块没被带走的石板上，刻着墓主的生平，这些文字被称为“墓志铭”，这就是墓主的亲友对于此人的评价与相关记录。

墓志铭的石盖上刻着“大唐故昭容上官氏铭”，“唐”是国号，“昭容”是后宫妃嫔的品级。在唐的制度中，皇后对应着皇帝，是超越官制的存在，皇后所统率的后宫也像皇帝统治的官员一样，分成九品官阶，给予相对应的待遇：正一品有四妃，接着是正二品的九嫔，昭容就是九嫔[1]之一。换言之，这座冷清的墓葬中曾经葬着一位唐宫的高等妃嫔，而上官氏就是她的姓氏。

在唐代的历史上，曾任昭容，又姓上官的人，仅只一家。

那就是女文豪上官婉儿。这位活跃于初唐的女性，以传奇性的一生和华丽敏捷的文才，成为千年来屡被提起的话题。她既是女皇武则天的心腹，又是女皇之子唐中宗的妃子；既被视为妇女从政的先锋，也被指作恶女妖妇。不论是肯定或否定，多数人都认为她是中国史上前无古人、后无来者的特殊人物。但是，除了后代赋予的女权或父权评断之外，上官婉儿到底被她的“老板们”放在唐代体制中的哪个位置？她又是如何发挥她的影响力的呢？

1　九嫔，古代帝王的妃子。历代均有此制，然名称不尽相同。如唐以昭仪、昭容、昭媛、修仪、修容、修媛、充仪、充容、充媛为九嫔。

丈量天下文才的女人

上官婉儿的出生充满传奇，传说她母亲怀胎时梦见天人递给她一杆秤，并预言这孩子将要丈量天下文士。她的祖父是当时的宰相，听说了此事，欢喜不已。但是，当她呱呱坠地时，上官一家都觉得那个天人肯定搞错了，能丈量天下文士的人，怎么是女儿身？

随着祖父因得罪皇后武则天被杀、上官婉儿与母亲被送入皇宫为婢，一连串的变故，使得天人的预言听来更显讽刺。

同时，武则天的地位却日渐稳固，她与丈夫唐高宗帝后并尊，称天皇与天后，夫妇二人一同执掌唐帝国。久病厌世的唐高宗，不得不考虑皇位继承的问题，对他而言，最能够理解他意志的人，非妻子莫属，他甚至一度考虑直接传位给武则天，将来再由武则天传位给太子。只是这个过于前卫的想法，很快就因臣子们反对而告终。

随后，武则天与亲生儿子们展开了激烈的政争，两位成年并有贤德之名的太子一死一废，而后，武则天将才智平凡的三子、后来的唐中宗送入东宫。

事实上，天后取代了理当接班的太子，在理当天无二日的帝国中，出现了第二个太阳。也就在此时，命运将上官婉儿送到了武则天面前。在婉儿的墓志出土之前，没有人知道这对君臣如何相遇，只知道当婉儿开始参与政治时，唐高宗已死，武则天不只取代了儿子们，她的武周帝国也将代唐而起。

武则天的时代成就了上官婉儿，但是，她真正丈量起天下文才，却是在武则天去世之后，她投靠中宗，并成为中宗之妻韦后的心腹。

中宗是个温厚的老实人，才智学养都不如他的父母兄弟，因此，曾被武则天重用过的婉儿被封为“昭容”，名义上是妃嫔，实际上是秘书。中宗对政事既无能力也无兴趣，于是大权落到韦后手中。而谙于政事的婉儿，更通过中宗夫妇拥有了几乎与外朝宰相相等的权力，一言一语，就使人飞黄腾达，于是文人们无不希求婉儿的评价，她才真正地成为丈量天下文士之人。

然而，中宗的时代并不平静。在以其弟睿宗为首的李唐宗室和支持韦后的武则天家族之间，中宗左右为难，最后在韦后和婉儿的推动下，中宗将爱女安乐公主嫁入武氏家族，也让整个宫廷倾向了武周的旧势力。

这引起了李唐宗室的不满，在中宗突然身亡后，睿宗与其妹太平公主随即发动政变。睿宗之子，即后来的唐玄宗，带兵入宫，斩杀了韦后与安乐公主。婉儿试图迎接玄宗以延续自己在新时代的地位，但是玄宗仍将婉儿处死，结束了这位盛世女相的一生。

生前辉煌，身后冷落

一千三百年来，婉儿葬于何处，无人知晓。直到墓志出土，才发现此处即为上官婉儿埋骨之处。但是，盛唐时期的人讲究厚葬，为什么婉儿的墓葬却如此凄凉？

由于中国各地的墓葬常有盗扰，因此婉儿墓的状况不禁使人怀疑是否曾被盗墓贼造访过。不过考古人员首先注意到，墓葬被破坏之处仅在墓室与甬道后方天井，甬道前端与壁龛则保存完好，不像盗墓贼所为。

再从墓葬中的状况推测，这个墓室可能在唐代时就已被刻意破坏，目的是惩戒墓主。考古人员的推测不是没有道理，这是因为唐玄宗曾有几次破坏墓葬以示报复的行动。

首先是他后来在政治斗争中，将姑母太平公主逼死，将公主的尸身弃于野外，并将其夫的墓葬铲平。唐玄宗的母亲被武则天所害，他在成长过程中也遭到武氏家族的压迫，此外，他也对韦后母女颇有敌意，因此在掌权之后，就曾破坏武韦两族的墓葬。

但是，这些记录都是文字史料，还没有确切的证据。倘若此说是真，那么婉儿的墓葬可能是第一个被确认了“官方破坏行为”的唐代墓葬。而史料上玄宗惋惜婉儿才华而收集其作品的记载，可能只是玄宗的政治表演，或是出于旁人之意而为。

这个旁人会是谁呢？从目前已经公布的墓志录文中可以发现，上官婉儿死后是由太平公主出资办理其丧事，

公主甚至派遣使者至婉儿墓前吊祭致哀。

如此看来，在睿宗即位之初权势熏天的太平公主显然对婉儿的死感到惋惜，毕竟她们曾有多年交情，那么以公主主导收集婉儿文章也就不奇怪了。由墓志的记载也可以猜出，毁墓行为应当发生在太平公主垮台之后。而婉儿墓所在的位置邻近底张湾，太平公主的子女中有两人葬于附近，或许是公主有意将曾替母亲、兄长效力的婉儿庇护于此吧？

佞臣？忠臣？女主政治下的女官

在上官婉儿的墓志中，其家世大致与史书吻合，比较特别的是墓志中提及，她在十三岁时受封才人。才人是品阶较低的妃嫔，一些学者认为，这显示婉儿可能与武则天一样，先做了先皇高宗的妃嫔，又在新君中宗登基时爬上高位。这个说法虽然符合一般的推断，但是细思下来，有些地方并不确切。

首先，唐宫分作内官（妃嫔）、宫官（女官）与官婢（罪犯、国家的奴仆）三层，内官与宫官须是良家子（家世清白的平民）或官宦之女，婉儿身为官婢，不可能以正常的渠道推选为妃嫔。而且武则天是善妒之人，婉儿的祖父又曾是武则天的政敌，倘若高宗与婉儿有私，武则天岂有善罢甘休之理？反过来看，武则天不拘一格提拔人才的性格，在外朝官员中屡见不鲜，她也曾经在一个官婢的谗言下，猜忌儿子睿宗。如此看来，破格提拔婉儿，似乎更像是武则天的风格。

《新唐书》在婉儿的本传中说她："年十四，武后召见，有所制作，若素构。"年岁上与志文相去不远，志文提到婉儿受封才人的段落，并未提及其美貌，而着重于她的文采。如此看来，婉儿是以文采得到信任，而不是一般以美色侍君的妃嫔。与其说婉儿先后为高宗、中宗父子之妃，不如换个角度来思考，有没有可能是武则天从结构上把内官调整为替她效力的女官？

换言之，当时已贵为"天后"的武则天，将原该作为皇帝姬妾的妃嫔之位，变成她提拔亲信的空缺。而这

个内官“官僚化”的过程，似乎持续到了中宗时代，女官们甚至不需住在宫中，而可以像一般的男性官僚一样在宫外立宅另居，直到玄宗在政变中除去了这批宫人，再次重整宫中制度。

武则天去世之后，婉儿一直被认为是韦后母女的党羽，不过在志文中，婉儿的形象截然不同。志文中提及中宗欲立安乐公主为皇太女不成，公主遂结党营私，婉儿因此几度力争，希望中宗除去公主的党羽，中宗不从，婉儿不惜服毒，险些丧命，被救活之后，辞去昭容一职，退为婕妤，塑造出她公忠体国的形象。

值得注意的是，安乐公主立皇太女一事，在史料中仅说是安乐公主对父亲撒娇的行为。但是，婉儿的志文是人们第一次在唐代的史料中，看出中宗本人的意向。如果志文的叙述无误，那么中宗可能是中国历史上第一个考虑立女性继承人的皇帝，而安乐公主也差一点就能成为中国历史上的第二位女皇帝。

在陈弱水教授的研究中，安乐公主的这项作为，显示她已经跳脱了她祖母与母亲先为帝母与帝妻的思维，在祖母以女性君临天下的历史中，企图使自己以帝女的身份成为皇位的合法继承人。

历史小知识

安乐公主

这位险些成为女皇的公主，具有号称“光艳动天下”的美貌与过于前卫的女性意识。她出生于中宗夫妇最困顿的时候，出生时被裹在中宗的旧衣里，因而小名裹儿。随着父亲时来运转，她的命运也随之改变，出于补偿的心态，中宗夫妇格外宠爱安乐公主，将所有能给的物质享受都给了她，也因此宠坏了年少的公主。在史书中，她被认为是个任性无知的女子。死后，她被叔父睿宗褫夺了安乐公主的封号，以“勃（同‘悖’）逆宫人”的名号下葬，墓志拓片现藏于西安碑林博物馆。

志文中的婉儿显然不支持公主的行动，不管是真心反对，抑或由太平公主所授意，都有其意义。当我们审视婉儿的一生，她从效忠武则天、中宗再到太平公主，可谓传奇。但若把她的一生放在东汉以来的女主政治来看，就会发现从辅佐窦太后的班昭开始，以至北朝宫廷中屡屡出现的女尚书们，所有必须以妻子或母亲身份走到幕前的女主们，都须有擅文辞、知进退的女官来辅佐。

婉儿与她的“老板”武则天也不例外。在武则天称帝之前，她致力塑造自己的形象——孝顺的女儿、贤明又多产的妻子、严厉又慈爱的母亲。最终，她发现自己在儒家的礼法上无法突破女儿、妻子与母亲的限制，于是捏造了弥勒降生为天女的佛教传说，使自己得以代唐而起。

在这位女皇的光芒下，婉儿代表的是那些支持女主的宫人集团。这些宫女是贯穿女主政治的伏流，她们的向背代表着宫廷中某一势力的崛起与崩毁，她们拥戴起一代女皇，也在她年迈之时，无情地舍弃了她，成为李唐复辟的无声功臣。因此，中宗与韦后其实是一体，他们不能不顺流而行，以免自己如武则天那样倾覆。

也是因为这样的拥戴之功，才使得婉儿认为自己可以靠太平公主成为新朝的功臣。但她没有想到的是，年轻气盛的玄宗拒绝妥协。玄宗通过除去婉儿与太平公主，结束了女主政治的影响，并在他有生之年，严防任何后妃取代他成为唐帝国之主。然而，除去宫人集团后的权力真空，改由玄宗更信任的宦官来填补，从此又开启了唐帝国长达百年被宦官把持的政治流弊。

从这样的脉络来看，婉儿的华美文采，恐怕也只是顺应着时代的潮流，在男性与女性君主、李唐与武周势力之间摇摆的无根浮萍而已，真正影响着时代的人，从来不是上官婉儿。

第九章

做一个良臣，比做忠臣还难

魏徵的两张脸

在中国历史上的明君中，唐太宗通常不是排在前三名就是前五名，而他的名言，总是那段“以铜为镜，可以正衣冠；以史为镜，可以知兴衰；以人为镜，可以知得失”。也有不少人知道，他说完这段话后，还感叹了一句：“魏徵逝，朕亡一镜矣。”

魏徵是谁？相信知道唐太宗的人都知道他。如果不知道唐太宗的朋友，也不一定不知道他。因为在小时候读的儿童历史传说里，每次讲到门神的故事，就会说到他：

江湖传说，魏徵是一个正直的好官，正直到被天帝指定去监斩龙王。龙王跑去向唐太宗求情，要他拖住魏徵，结果皇帝同意之后就把魏徵叫来吃饭下棋，魏徵下棋下累了，忍不住打起了盹，没想到这一睡，灵魂就噌的一声出了窍，跑去监斩龙王，死不瞑目的龙王从此夜夜跑进皇帝的梦中……

龙王的鬼魂每天都入皇帝梦中哭喊：“还我头来！”害得皇帝神经衰弱，最后找来两个大将守在门外，吓退鬼魂。但即使是大将也不可能天天站岗不休假，于是皇帝找来画师把他们的画像贴在门外，就成了门神。

当然，这个故事纯属乡野传说，但是我们也可从中看出魏徵在民间的形象有多么正面，他与唐太宗也被认为是君臣相知的楷模，许多人认为这是“贞观之治”的基石。不过，真的只是明君贤臣这么简单吗？

在民间传说或历史名人传记中，常常把成功归因于个人的尊爵荣耀不凡，而忽略了他们生长的环境与塑造他们思想的背景。在唐太宗与魏徵的案例中，自然也不例外。他们不是天生就知道自己可以成为明君名臣，事实上，他们生长在乱世，成长背景截然不同，他们所共有的，是对于未来的梦想。

乱世：最好与最坏的时代

朝代兴替，对大部分百姓而言，是一连串的战争与苦难；但是对不愿意遵循既有规范的野心家来说，混乱破坏了秩序，带来了无穷机会，所有的政治军事集团都迫切需要人才，战乱产生的机会，反而让他们有机会走上历史的舞台。

在6至9世纪的隋唐帝国，在士族中还有不同的等级。魏徵出身的家族大约在士族的中下层，他的父亲在北齐当过县令，在北周灭齐，隋又取代北周之后，魏徵的父亲可能就失业了。我们不知道魏徵几时失去父亲，但是可以想见他很早就必须自立，就像那些有才华却没有背景的人们一样，魏徵期待自己可以脱离现在的状态，出人头地。

在史书里，关于魏徵在青年以前的事，只有短短的两行——说他做了道士，并醉心于纵横家学说。道士只是幌子，简单地说，他期待在乱世中作为参谋，贡献一己之力。于是，他开始了辗转天下的生涯。他先后换了几个老板，总是因为老板不尊重他的意见而导致失败，后来，他投效了唐帝国的太子李建成。

李建成是唐高祖李渊的嫡长子，在后代史书中，被描绘成一个心胸狭小的人。事实上，他从少年时代就独当一面，当父亲李渊前往北方的晋阳为官时，他带着其他家人住在河东，暗地收买人心，即使是李渊的姬妾与庶出儿女们，也对这位嫡长子心悦诚服。在李唐建国后，他成为毋庸置疑的太子，并承担了北面对抗外敌突厥的责任。

大约在此时，魏徵投效了李建成，也得到了他的信赖。魏徵很快注意到，李建成真正的敌人并非突厥或关东的豪强，而是他的亲弟弟——战功赫赫又野心勃勃的秦王李世民，长此以往，李建成稳定后方的功勋将会被李世民所掩盖。

因此，魏徵与东宫的幕僚们，趁着李世民在中原战线受挫之机，力劝太子东进。熟悉中原民情的魏徵，替太子规划了一连串的举措，树立威信、收买人心，成功地建立了李建成宽宏大量的形象，暂时遏止了李世民借

由战功收取人心的攻势。

但是，在李建成兄弟双双回朝之后，东宫与秦王府的恶斗才真正展开，在这长达数年的兄弟阋墙中，李世民步步紧逼，甚至诬陷李建成谋反。最后，在李渊的姬妾与其他儿子力保下，才使李建成逃过一劫，也才让李渊注意到李世民的野心已不可抑制。

眼看东宫地位岌岌可危，魏徵力劝李建成应当狠下心，除掉李世民，但是李建成并未采纳他的意见。或许是当了太久的长子，他仍期待在体制内处理问题，而情势看起来，也慢慢倒向了东宫……

唐高祖武德九年，老皇帝终于下定了决心，要将李世民送出权力中心的长安。眼看着即将失去一切的李世民，在六月初四的清晨发动玄武门之变，杀害了自己的亲兄长与侄儿们，东宫的官僚与士兵一度试图反抗，却功败垂成。李世民夺取了兄长的太子之位，不久就逼迫父亲退位，成为唐帝国的第二任皇帝，也就是后世所称的唐太宗。

李建成是魏徵所侍奉的第四个主子。武德九年，魏徵已经四十六岁了，半生颠沛流离，投靠东宫的这几年，是他最受器重的一段时间，眼看着即将成为新君的重臣，但玄武门之变，改变了魏徵的命运。他不知道的是，他与李世民的相遇，也将改变李唐帝国的命运。

良臣？忠臣？

身为东宫的重要参谋，魏徵成为李世民最先问罪的对象之一。李世民是一个极其注意自身形象的君主，他并非完人，却想让自己以完美的形象出现在世人眼前与史书之上。他试图让自己杀害兄长的行为合理化，所以他首先质疑魏徵等东宫群臣离间兄弟。

然而，魏徵却回答他："如果太子听了我的话，怎么会发生今天的祸事呢？"

史书说，唐太宗素来尊敬魏徵的才华，所以重用了他，成为这场君臣知遇的起点。但是，当我们在观察魏徵的话与他后续的作为时，必须注意一件事，那就是李建成虽死，东宫的势力却没有完全消散。当时的朝廷里，

除了秦王府的班底之外，老皇帝李渊与东宫所提拔的官员仍然遍布唐帝国内外，倘若一举根除，李世民将面临更大的动乱。因此，稳住局势、收拢人心才是李世民最大的挑战。

魏徵在唐太宗登基后，奉命前往河北安抚。在路上，地方官逮捕了东宫的旧部送交给魏徵，而魏徵决定释放他们，以此昭示新君既往不咎。这个举措，与他当年替李建成在关东筹划的形象工程几乎是一致的。

魏徵很清楚，他并不是李世民的亲信，他与皇帝并没有长久的信赖基础。而此时，他已年近五十，对他而言，李世民的信任可能是他最后的机会。于是，他十分卖力地提出各种建议来改进朝廷缺失，在李世民登基的第一年，他就奏报了二百多件事，以几乎每两天一件的速度拼命地工作。

即便如此，他还是免不了遭人检举结党营私。在调查之后，李世民知道魏徵只是与他的亲戚们过于亲近，决定不过问此事，只派人告诫魏徵应有分际，不可以过于随意。

数日之后，魏徵告诉皇帝，他认为君臣间应当只问公道，而不是遵循表面上的礼仪。李世民深以为然，随后，魏徵郑重地表达了他在这新政权当中的位置。

“我希望做一个良臣，不是忠臣。”魏徵如是说。

当皇帝问他两者的差异时，魏徵回答：“良臣是自己有美名，也让皇帝受到后世称赞，子孙万代都能享有福禄；至于忠臣，则是自身被害，君王也被认为是大恶之人，家庭与国家同样沦丧，只是空有其名而已。”

这段话，显示了魏徵对他自己与对皇帝的期待。在他的观点里，委婉地隐藏着“良臣”对应“明君”、“忠臣”对应“暴君”的分别，他希望皇帝能接纳他的意见来调整施政方向，让国家走上好的道路，用现代的说法，这是一个正向循环。但是，当我们细究其言，不难发现其实“美名”“恶名”在这段话中是关键，即君臣的好与坏，表现在他们的名声上。

期待做个良臣的魏徵，与期待做个明君的李世民，终于在此时找到了他们的共同点：好美名。然而，事情并没有那么简单。

君与臣的进退之舞

魏徵与李世民之间的故事非常多，大多数是魏徵如何刚直不阿地劝谏皇帝，而皇帝一开始不愿接纳，甚至回家对太太发脾气抱怨，在冷静下来或经太太调解之后，皇帝才接受了魏徵的建议，有了圆满的大结局。

这些故事都有一样的脉络，当我们仔细思考这些故事时，不得不替魏徵捏一把冷汗，如果皇帝没有冷静下来呢？如果皇后没有调解成功呢？当一个理应被留在政治规范中处理的案件，必须以这些不确定的因素来解决时，其实也显示了这对君臣的关系并不稳固。至少，在其他一开始就追随李世民的臣子身上，极少看到类似的情况。

有一天，李世民请群臣吃饭，他对妻舅长孙无忌说：“这个魏徵，每次劝谏时，如果我不听他的话，他就不肯执行朕的命令，你们说，这是怎么回事？”

魏徵其实就在旁边，于是他回答：“我劝谏就是因为觉得这事不可行，如果我遵循了陛下的意思，怕这事就做下去了。”

“你难道不会先答应下来，之后再慢慢说服朕吗？”李世民说。这个有趣的皇帝，竟公然教臣子怎样阳奉阴违。

“舜对群臣说：‘你们不要表面服从，退下来后才表达意见。’如果我表面答应了陛下，那就是‘退下来后才表达意见’了，这哪里是上古的贤臣们侍奉圣君的道理呢？”魏徵说。

李世民听完，笑着对群臣说：“你们都说魏徵粗疏无礼，朕却觉得他妩媚得很呢！”

在许多人看来，李世民的这段话实在很难理解，为什么魏徵在他看来是“妩媚”呢？其实道理很简单，就是魏徵把历史学得很好，他并不用臣子应该如何刚直来说服皇帝，他说的是：“这哪里是贤臣侍奉圣君的道理？”那么，说话的他自然是以贤臣自居，更表示了，他是以对待上古圣君们的标准侍奉皇帝。

这迂回而婉转的奉承，正是魏徵与李世民的相处之道。如果大家读过《纵囚论》，那么这种微妙的心态，或

许就是欧阳修抨击的“上下交相贼”吧。

魏徵所面临的挑战，不是只有皇帝的信任问题。他是一个参谋型人物，擅长分析。在贞观初年，他除了劝谏之外，另外负责的是典章制度与史书的校订与编写，这些工作在其他臣子眼中，与实质的战功、行政能力是不能比的。因此，当皇帝决定让魏徵成为宰相中负责审核政策的门下侍中时，魏徵自己也十分惶恐，甚至多次上表辞职，最后虽然让他离开了侍中之位，却仍让他继续处理门下省的政务。

在这个尴尬的处境下，有了《谏太宗十思疏》，魏徵必须在唐初这种崇尚实质功勋的环境下，以他的学养奠定在政治理论上的地位。

而他成功了。在他的后半生，小心翼翼，如履薄冰；在他人生的终点，皇帝承诺将公主嫁给他的儿子，替他举办了风光的葬礼。在他死后，皇帝哀伤地说：“以铜做镜子，可以端正衣冠；以历史做镜子，可以知道朝代的兴替；以人做镜子，可以知道自己的得失。现在魏徵死了，朕少了一面镜子。”

这么高的评价，对于这场君臣知遇的佳话，看似是完美的结局。但是，就在魏徵死后不久，李世民发现他从前推荐过的人不是谋反就是贪污，怀疑他在生前结党营私。而魏徵习惯把自己的劝谏文章存档留底，还把这些文章拿给史官看。在乎名声的李世民更怀疑他是有意贬低皇帝以抬高自己，于是，收回了许嫁公主的承诺，并推倒了魏徵的墓碑作为惩戒。直到后来征高丽失败，太宗又想起了魏徵的好处，于是再把墓碑树立回来，只是公主早已嫁了别人。

魏徵与李世民，都不完美，他们是两个需要掌声、需要被人肯定的男人，在政治场上你进我退地跳着权力的舞步，博取当代与后世的美名。或许这是一种虚伪，但在贞观时代，对于名声的追求，促使着他们往世人肯定的方向前进。

最终，成就了一个时代。

第十章

时不我予，那就放下

虬髯客的晚唐回眸

《虬髯客传》，也称《风尘三侠》，一直被认为是唐代文学的杰作。内容大概是说，隋末天下即将大乱，一个失意的青年李靖，前去拜访重臣，在对方家中遇到一个侍女对他示好。当天晚上，这个侍女竟跑到李靖下榻的地方，表示自己名叫红拂，要与他共结连理。天上掉下来的缘分当然不能不要，但又担心重臣报复，于是李靖与红拂逃往太原，路上遇到一位胡子拉碴的侠客，红拂与侠客结拜为兄妹。侠客被称为虬髯客，有意逐鹿天下，却在见到太原的一位青年贵公子后感叹自己再无机会，于是将财产送给李靖夫妇，退隐海外，而李靖则选择去侍奉那位贵公子，也就是未来的英主唐太宗。

在这篇传奇中，虬髯客的豪爽、李靖的内敛与红拂女的聪慧，令人印象深刻，几度改拍成影视作品。写下这篇传奇的作者名叫杜光庭，是晚唐五代的一位道士。也由于杜光庭的影响，李靖从一个历史人物，变成了战神，他的形象和道教结合，乃至于到了明清，在小说《封神演义》里，竟也无端出现了同一个名字、同样的形象、同样宗教脉络的人物——唐代的李靖当然不是商代的陈塘关总兵，也没有生一个叫哪吒的小孩，最后也没有变成托塔天王，只因同名同姓，常常造成误会。

这一路莫名其妙的发展，都来自杜光庭一篇才华横溢的小说。但是，如果你穿越到唐代，见到了李靖，你恐怕会跟我一样大喊："杜光庭！你别胡扯了！"

到底杜光庭有多扯？他的瞎掰又有什么意义？而这篇收入语文课本的唐代传奇，究竟承载了多少虚构与真实？

李靖——失意大叔一秒变帅气

《虬髯客传》一开始，就描述隋炀帝去了南方，把政事交给奸臣杨素，又以杨素生活比皇帝还奢靡来指涉其心怀不轨，塑造出隋末政局混乱的背景。此时，胸怀奇策的平民李靖帅气登场，折服了杨素，顺便吸引到了红拂，两人私奔，意图在天下大乱时创造一番事业。

文章中并未言明李靖岁数，而红拂十八九岁。因此

在读者的印象中，常常认为李靖是个青年男子，这个印象一直延续到现代，而很多电视剧中的李靖都是个帅哥。

但是，杜光庭没有告诉你，现实中的李靖，尽管年轻时确实又高又帅，不过在隋末唐初时，已经是个年近五十的大叔了！隋唐的人又大多早婚，李靖当然不可能四十好几才遇到命中注定的女人。

那也是个重视出身的年代。李靖来自五姓家族，五姓家族的男性必定迎娶大家闺秀，甚至不可能和平民结婚。而故事中的红拂是杨素的“家妓”，家妓与奴婢一样，是隋唐帝国中的贱民，因此，李靖的妻子绝对不是红拂。

杜光庭的错误不止一处。隋末时，李靖也根本不是没有官职的“布衣”，人家十六岁就开始当官，还考过科举，在基层努力踏实地服务。而他与杨素也不是到隋末才认识，事实上，杨素虽然与他家有点过节，却很欣赏李靖，算是他的贵人。只是李靖的官运平平，直到老年才真正迎来事业的高峰，真是励志。

效忠李世民？你在开玩笑吗？

在故事中，李靖认识了后来的唐太宗，并帮助太宗取得天下。这件事如果让李靖本人听到，他肯定会气到吐血。

为什么呢？李靖在隋末与唐高祖（唐太宗的父亲）一起接受隋炀帝的命令，防守北方，又以隋的忠臣自居，当他发现唐高祖想造反时，马上就冲去通报，但因中原大乱又退回长安。在唐高祖带兵围攻长安时，李靖奋力反抗，还差点被杀掉，所以他不会帮唐太宗夺天下。而且，李靖只小唐高祖四岁，他应该见过唐太宗。但是在他眼中太宗可能就是个小孩，因为唐高祖当时的接班人，是已经三十岁的长子李建成，李靖实在是不可能在一开始就效忠于唐太宗的。

至于《虬髯客传》最后又说李靖的兵法来自虬髯客的教导，这话让李靖的家人听到，可能会集体气到吐血。因为李靖的哥哥、外公和三个舅舅，都是以勇武出名的大将，尤其是舅舅韩擒虎，常常和李靖谈论兵法，又摸

着李靖的头说：“能与我谈论《孙子兵法》的人，就只有这个小孩了。”可见李靖后来很会打仗是有家学渊源的，和虬髯客一点关系也没有。

那么，有什么是真的？

《虬髯客传》与许多唐代传奇一样，在历史人物的人生上呈现一个平行宇宙的状态，但是在故事中，仍然透露了唐代生活的细节。原因很简单，杜光庭写这个故事时，加入了自己的生活经验，写作的当下，他不会想到这篇文章会在一千三百年后被人阅读，而他原先写的现代细节，也变成了古人的生活。

——唐朝人怎么坐？

《虬髯客传》一开始描写了杨素的豪奢，除了拥有许多侍女之外，还说他见宾客时总是“踞床而坐”。现代人读到这里，往往不能理解这四个字的意思，所以也就不能理解李靖后来劝杨素不要“踞见”宾客的原因。

这是因为晚唐以前，所谓的“坐”就是跪坐，这与从前穿的服饰有关。在唐代之前的汉代流行深衣，衣服下穿的裤子是不合裆的，不跪坐会走光，这是非常不礼貌的；而“踞坐”就是把腿张开着坐，更完全是会走光的坐姿，在客人面前这样坐，是有意地轻视对方。

因此，这种应当“跪坐”的习惯一直保留到隋唐，而在客人面前“踞坐”也被认为是傲慢的表现，成为当时人的基本常识。至于故事中说“踞床”的床，并不是我们今天的床铺，而是一张矮几，也叫“榻”，必要的时候，也可以抬走。

杨素“踞床而坐”，显示他轻视天下英豪，因此，李靖劝他不要“踞见宾客”一言的背后，是劝他不要自大，应当谦虚地接纳旁人的意见。

——唐朝人怎么看你身家？

红拂女对李靖一见钟情后，跑去询问李靖的身家数据。她第一个问的就是他“第几”，也就是排行第几。现

代都是小家庭，是老大老二老三并不重要，但唐代多为大家族，同辈的男女都会排成大排行，因此，某地某家的某几郎或某几娘，就是探听此人身家背景的钥匙。

例如白居易，就是白二十二郎，白居易的好朋友元稹则是元九。这种排行显示唐代世家大族所能控制的范围，因此，家族中的排行成为定位某人地位的准绳。

——唐朝人怎么旅行?

如同另一则传奇《李娃传》中呈现了唐帝国首都长安的城市风貌，《柳毅传》里显示了唐人眼中的洞庭湖，《虬髯客传》主要舞台在太原城与前往太原的路上。当李靖与红拂逃离长安前往太原时，他们寄宿的旅店在“灵石”，这地方位于今日山西，在唐代的史料中，是太原与长安之间必经的要道。

李、红二人在灵石落脚，旅店“设床”，也就是拿来坐具让他们休息，红拂女则站在床榻前梳着长发，等着李靖把马刷好，等炉中的肉煮熟。此时，虬髯客出现，他倚着旅店的炉子，直直地看着红拂女梳头，让李靖感到很愤怒。

唐代的旅店并不像电视上演的，人们一投宿后就进入自己的房间。此处的旅店是开放的空间，虽然会提供坐具，但是也可以像虬髯客那样，直接就在炉子旁边半躺半坐，是非常随意的。而旅行中的女性，也难免会被其他男性所窥探。

聪慧的红拂在发现虬髯客的目光后，暗示李靖不要生气，随后整装以庄重的姿态前去探问虬髯客的底细，因此虬髯客从一名窥探她的陌生男子，变成了一位豪爽的兄长。当虬髯客表示肚子饿了，李靖连忙出门买胡饼作为主食，接着三人围坐着开始吃饼配肉。

这段从陌生到熟悉的过程，可以看出旅舍的开放空间中，存在着人与人的交流。而虬髯客询问李靖的目的地、要求李靖引他见李世民的对话，也可看出当时信息与人脉的交换。

——太原有什么意义？

李靖等人前往太原后，虬髯客见到了年轻不羁的李

世民，心知眼前即是天下之主，却还不甘心，又有了第二次聚会。此时，他请了一位道士，道士一见李世民后，就对虬髯客说："这不是你的天下了，但是别的地方还有机会。"于是，虬髯客把中原的产业交给李靖与红拂，扬帆出海寻找新的天地。

这个故事为什么发生在太原，而不是首都长安或洛阳？这是因为太原是隋唐对抗北方突厥的重镇，控制着出入中原的要道，因此，一向交由皇帝的亲信掌管。李唐的建立者唐高祖李渊是隋炀帝的表哥，在炀帝前往南方后，就受命镇守太原。李渊一直在太原城中暗自积蓄实力，他将家人留在南边的河东，由长子李建成负责河东豪杰的交游，而李渊在太原城中的一些事情，则由次子李世民来协助。

最后，当天下大乱时，李渊也是从太原举兵，攻占长安，因而站稳了脚跟。对于李唐帝国来说，太原是"龙兴之地"，在唐朝之初，太原曾有"北都"的地位，因此，这个故事发生在太原是相对合理的。

百年后的感叹

虽然李唐在李氏一家男女老少的鼎力合作下建立了唐朝，但不到十年，李世民就在玄武门之变中，杀死兄长李建成，篡夺了父亲的皇位。从此，李世民就开始在史书中扩大自己的影响力、抹黑兄长、贬低父亲，以致后代的史书中，年少的李世民反而成为建立李唐王朝的主导者。而在杜光庭的故事中，也承继了这样的论述。

我无法知道为什么杜光庭要这么做，他明明和李世民差了二百多年，也没有直接的血缘关系，却编造出这样一个完全不合史实的故事。不过，这个故事带着浓厚的道教色彩，包括李世民的异相、道士的预知能力，以及虬髯客顺从天命的潇洒。或许这与李唐王朝尊奉老子为祖先、以道教为国教有极大的关系；而杜光庭本身也是一个道士，并著有许多道教的重要典籍，他也借由这个故事来强化道教与李唐王朝的联结。

李靖成为道教背景的虬髯客与道士选择辅佐李唐的名臣，尽管李靖本人并没有明显的道教背景，甚至他与

兄长的字分别为药师、药王，可以看出其家族有佛教的倾向，但都不影响杜光庭把这位名将拉进道教，扩大道教的影响。

此外，我们必须知道，杜光庭的时代，是唐王朝的末世，偌大的帝国分崩离析。越在此时，宗教的力量越显强大，而道教又面对着来自佛教的挑战，有必要在此时回溯唐帝国的起源，并借由道教元素的渗透，让道教重新找到自己的定位。

杜光庭的本意，并不是要写一个历史故事。如果我们仅仅注意他的历史错误，就很难看见他文章中意图呈现的氛围：普通人可以为之死的皇位或巨富，可以因为英雄相惜、天命所归而豁达地舍弃，宁可重辟天地也不愿苦苦挣扎。这是何等勇敢、潇洒、充满希望的时代！

很可惜，这样的时代只存在于他的想象之中。实际上，杜光庭所面对的是一个混沌而危险的乱世。

道士对虬髯客说的那句“此世界非公世界，他方可图”，恐怕也是杜光庭自己的感叹吧。

第十一章

洛阳城中，真假太后

宁愿上当百次，只愿一次是真

在这本书里，我常常讲到长安，它是唐代最大的城市固然不假，不过唐帝国的第二首都洛阳城的规模并不下于长安。如同太阳与月亮，长安与洛阳呈现了截然不同的面貌。

和长安一样，洛阳是从上古时代就存在的城市，经历过东周、战国、汉、魏晋到北朝。在隋帝国统一天下后，洛阳其实已经十分残破，但过往留下的风采尚存，那是与当时秩序规整、象征着宇宙规律的长安城完全不同的氛围。

洛阳似乎格外能吸引到不愿墨守成规的皇帝。洛阳首先得到了隋炀帝的青睐，炀帝登基之后，将过去对于江南的想象移植到洛阳城，大规模地重建城市，将洛阳作为运河的转运枢纽，由此，洛阳得到了极佳的商业条件。而受隋炀帝任命营建洛阳的重臣中，有个名叫杨达的皇族，他怎么也没想到，自己的外孙女会在数十年后成为洛阳之主。

杨达的外孙女，就是女皇武则天，她对于洛阳抱持着与外叔公隋炀帝一样的钟爱，同时继承了杨氏一族对佛教的热爱。在丈夫唐高宗在世时，她还会偶尔往来于长安与洛阳之间，丈夫死后，她久居洛阳，并在洛阳建立了自己的王朝。

武则天之孙唐玄宗，虽然不像奶奶那么热爱洛阳，却也在洛阳居住过相当长的时间。在祖孙两人的鼓励下，洛阳兴盛的贸易与文化活动使它成了半个唐帝国的文艺之都，这座城市的人们格外注重生活雅趣。流水在权贵的园林间蜿蜒而过，一条洛水将城市分成两半，一座天津桥横过洛水，连接着象征天界的皇城与人间。

然而在公元 759 年九月，天津桥上来去的人却非皇城中的禁卫。禁卫军的尸体凌乱地倒在洛水两岸，说着不同语言的燕军跨马直入宫城，毫无阻拦地突破了千门万户，赶出其中的男女老幼。

燕军，就是史思明的部属，此时已是安史之乱的末期，史思明在不久前杀了安禄山之子，自立为大燕皇帝，这场延续了八年之久的战争，崩解了唐帝国的各种体制，暴露出盛世下的种种问题。接下来，唐帝国要开

始学习如何与它辖下的地方势力沟通。统治着半个亚洲的世界帝国一去不返，欧亚大陆的历史，也迈入了新的阶段。

当然，当时没有人预见会带来这么大的影响，也没有人想到，759 年这场攻城战中失踪的一个少妇，会带来十几年后的一场风波。

少妇姓沈，可信的史料中没有她的名字。出身于南方的吴兴沈氏，她是唐玄宗的孙子广平王的妾室，以“良家子”的身份被选入宫中当宫女，这显示出她的家世清白，但并不是太过显赫，因为在她之上还有广平王的正妃崔氏。崔氏不只出身高贵的五姓家族，崔氏的母亲韩国夫人，是杨贵妃的大姐。

在玄宗的时代，崔妃的地位稳如泰山。因此，即使沈氏生下了儿子，在唐皇室中，还是一个不太重要的人，因为玄宗的孙子超过百人，皇孙们的妾婢更是不计其数。

正是因为不够重要，在玄宗带着皇室宗亲逃难时，她没有被带上；也正是因为不够重要，当安禄山亲入长安城，杀害数十名公主、王妃等皇室成员替长子复仇时，她也不在其中。但是她也没有不重要到会被放走，燕军撤退时，将她与其他宫人一同带往洛阳。当官军一度收复洛阳时，她与丈夫重逢，只是此时的广平王已是储君，肩负着收复天下的使命，因此，她被暂时安置在洛阳宫中，等待有朝一日重返长安。

这一等，就是两年。在759年的战争中，沈氏从此消失，不久之后，广平王在残酷的宫廷斗争中先下手为强，登基为帝，也就是唐代宗。两年后，沈氏的儿子李适被立为太子。对代宗而言，沈氏只是他早年的一个女人。安史之乱后，崔妃的靠山杨贵妃一族垮台，崔妃也随之失势，抑郁而终。而代宗也早就找到了一生的挚爱——容色姝丽的独孤妃。他遣人寻访沈氏，是因为她是太子的母亲。

就在此时，在遥远的寿州，一个在崇善寺的女尼广澄自称是太子的母亲，于是被送往长安。但是经过验证后，发现她并不是沈氏，而是从前在东宫工作的乳母，震怒的代宗皇帝命人将她鞭打致死。

我有时候想，广澄会不会真的是沈氏？有没有可能是经历过血腥宫斗的代宗刻意所为，意在杜绝太子之母在后宫的影响力？或者他只是为了维护皇帝的尊严，而让诈欺之人付出代价？不管如何，这血腥的结局，使得在代宗的时代里，固然再也没有人敢自称是太子之母来行骗，但也失去了寻找沈氏的黄金时间。

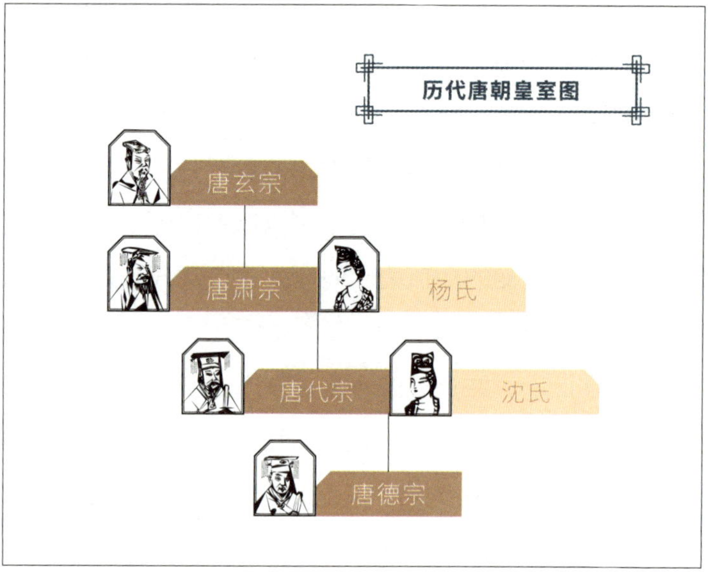

但是对于沈氏的儿子李适而言，妈妈永远是妈妈。失去母亲的时候，他已经是十五六岁的少年，有许多与母亲一起生活的回忆，而没有母亲这件事，也使他备受威胁。

或许命运真的眷顾李适，他有惊无险地熬过了代宗的时代，成功登基，也就是后来的唐德宗。等他终于当家做主，第一件事就是补偿妈妈的娘家。他找来了沈家的亲戚，一天之内封了一百二十七个舅公、舅舅、表兄弟当官，也把还在世的舅妈赶紧请进宫中，叫出自己的两个妃子来拜见舅妈。

接着，德宗要给妈妈正名，弄了一个盛大仪式，尊奉沈氏为太后，群臣都正装出席。然而，应该受尊封的太后席位上空无一人，德宗一边念着册文，一边哭得难以克制。此时的德宗已经三十七岁，距离沈氏失踪已有多年，而这位已近中年的皇帝对母亲的思念却有增无减。

典礼结束后，德宗向群臣宣布要认真开始寻找妈妈。于是他指派了弟弟睦王担任此项目的主责，又叫妹妹升

平公主先做好之后照顾太后的准备，接着派出使者，分行天下，展开寻人任务。

当然，事隔已久，大部分的使者都没见过太后本人，所以德宗也派出安史之乱前就在宫中服役的女官，一起去地方寻人。

然而，当时的画像技术没那么好，时日一长，太后的模样也早已改变，除了大致的形貌、年纪之外，德宗只记得小时候妈妈曾因切水果给他吃而割伤了手，左手的伤痕成为辨认太后的重要印记。

皇帝大张旗鼓找妈妈，整个帝国都得动员起来。使者们川流不息地追踪着太后的踪影，就在发布寻人启事的三个月后，好消息传回长安："找到太后了！"

激动的德宗喜不自胜，赶紧命人把太后先迎回洛阳的上阳宫中安顿，加派人手伺候。就在此时，一纸奏书送进皇宫，上奏之人是高承悦："等等！这不是太后！"

我们在电视里看到的太监大多是阴险小人，或者被主子责骂为"低贱的奴才"。其实太监虽然操持许多杂务，也常被看不起，但他们是正式进入朝廷体制的官员，除了必须阉割之外，在制度上仍享有官员的待遇。唐代的太监多称“内侍”，甚至可以受封为大将军，领兵出征或接受爵位，得到外姓臣子中最高的封爵——国公。

不过，阉割无法割断人对家庭的渴望，内侍们所拥有的荣华富贵也需要有人继承，因此，他们多半会娶妻，借由本家、妻家或收养小内侍的方式，得到养子或养女。他们的养子中有的是内侍，有的不是，养子和养女间会互相嫁娶，形成一种假血缘的家族，延续家族在宫中的势力。

比如说，玄宗时代最重要的大内侍高力士，原姓冯，是南方一个大部落首领的孙子，祖先就是著名的女首领冼夫人。后因家族被朝廷剿灭，他被抓进皇宫，被大太监高延福收养，因而改姓。在他得势后，虽然找回了生母，却仍然奉养养父母到老，也从未改姓。

高力士与妻子吕氏以冯家的侄子为继承人，却命其改姓，就是前述的高承悦，并收养了一些子女，形成一

个势力庞大的家族。他的一个养女就曾经在宫中活动，熟悉宫中的各种礼仪掌故，也曾与另一位女官一起作为沈氏的随从去游玩，而这位高氏女也曾因切瓜而伤了手指，刚好与太后的伤痕相似。

但是，这一切总瞒不过高承悦，他不知从何得知了高氏女假冒太后的事，他或许想到代宗朝那个女尼的悲惨结局，唯恐此事祸连家门，于是告诉皇帝："那不是真的太后，而是臣的姊妹！"

于是，德宗再派了高氏家族的人、高力士的养孙樊景超赶往洛阳，樊景超一见到姑母以太后自居，又气又急："姑母你干吗自己跳上砧板等着被杀？"

左右侍从见樊景超对"太后"不敬，连忙要把他轰出去，直到樊景超说出是奉诏来时，人们才让他和"太后"单独见面。

直到此时，"太后"才说起事情的来龙去脉。原来，她在战后寡居洛阳，那位曾经和她一起随太后游玩的女官意外看见她，认为她就是太后，于是奏报皇帝。当人们一拥而上来称呼她为太后时，高氏一再说自己根本就不是，但她越是否认，人们越是信以为真，并将她强行送入上阳宫中。

高氏一入宫，迎面而来的富贵荣华就让这个老寡妇晕了头，而急欲达成皇帝心愿的宫人们又一再劝诱她承认自己的身份，于是，她也就半推半就地认了。

当她独自与樊景超面对面时，她告诉侄儿："我是被强迫的，并不是我自己想这么做。"樊景超也只能摇摇头，如实奏报皇帝，利用皇帝一片寻亲的诚心来诈骗，正常来说是不可轻饶的，樊景超恐怕心里也是忐忑不安。怎知德宗却说："算了吧，不问她的罪了。"就这么轻易地放过了她。

当人们问德宗为什么，他说："我宁愿被骗一百次，只希望有一次是真的。"

于是，高氏结束了短暂的富贵生活，德宗遣人将她用平稳的牛车送回家。此后，寻人任务没有停过，而人们吃定了皇帝不会问罪，假冒太后的事情也就一再发生。然而，直到去世，德宗都不曾再见到思念的母亲。

德宗去世后半年，他的孙子宪宗在政变后登基，宪

宗想想，见过沈氏的人也都死光了，应该真的找不到了。于是，他下令制作一件皇后的正装，用招魂的方式，以衣饰权充太后的尸身。最后，将这套衣服送往代宗陵，正式宣告终结寻人任务。

在唐史上，沈氏是个不太重要的人物，甚至可以说是个“没有声音”的人，她的故事，其实从她消失之后才真正开始。后来，她曾在唐代的传奇《周秦行纪》中一闪而过，在这篇传奇中，杨贵妃的鬼魂嘲笑德宗：“沈婆儿作天子也，大奇！”

后来才出现的吴兴沈氏族谱中，多出了沈氏的名字“沈珍珠”，但宋代以前的古籍，其实“珍珠”大多写成“真珠”，而这个族谱出现的时间也远晚于唐代，沈珍珠之名恐怕并不可信。当然，最近出现的小说或随之而生的电视剧，也是在这个错误之上写成的。

沈氏的故事里，固然有离乱之苦，但爱情的成分是不高的。就我看来，倒显示了代宗与德宗父子的统治风格差异，以及安史之乱后宫廷中人的离散，不论是沈氏、女尼广澄或高氏女，她们面对的其实是一样的命运。

元稹曾为一位在安史之乱时相当活跃的武将留下两首诗，这名将领后来出家为僧，隐居于洛阳城中。诗是这样写的：

四十年前马上飞，功名藏尽拥禅衣。
石榴园下擒生处，独自闲行独自归。
三陷思明三突围，铁衣抛尽衲禅衣。
天津桥上无人识，闲凭栏干望落晖。

石榴园是洛阳周遭的地名，是安史之乱最后一场重大战役的战场之一。在那里，燕军全面溃败，唐军得以收复洛阳，但也是在这场战役中，唐代宗父子失去了沈氏的音信。

元稹的两首诗，写出了一个战功赫赫的将领如何追忆往昔。在读诗的时候，我也不禁想，这会不会是所有见过那个时代的人们共通的心情？天津桥尚在，洛水依旧悠悠东流，开元天宝时代的一切，不论是盛世或乱世、繁华或战争，都已成追忆。

第十二章

盛世遗音，唐代伶人往事

盛世已逝，唯有艺术才能新生

在前面的篇章里，我们提到安史之乱的离乱造成了上层社会的政治风暴，但对中下层的人民而言，渔阳鼙鼓动地来，也打乱了所有人的人生。这样的创伤记忆，让经历过战争与战后的人们都不停地在问一个问题：“到底发生了什么事？我们到底做错了什么？”

查问原因时，最简单或最直接的方式，就是找出可以怪罪的对象——安史等人出身的异民族是其一；而让君王沉迷的美人或娱乐，自然也是其一。这些声色犬马，显示着强盛的国力与高超的艺术水平，却也代表着崩溃与毁坏，令人向往又畏惧。于是，后代的人们陷入矛盾，他们既抱着美好的幻想，又不能不硬下心肠指责这些繁华会带来毁灭。

当然，这些指责都免不了将责任迂回地指向唐玄宗。他打造了华丽的盛世，也亲手将唐帝国带向中衰；他曾是个野心勃勃的小王子，后来成了夺媳杀子的老皇帝；他有奔放的艺术家性格，又同时是个务实狡猾的权谋家。这些矛盾而复杂的个人魅力，让唐玄宗在死后仍被臣民纪念。

元稹曾在《连昌宫词》一诗中通过今昔对比，描写天宝年间在连昌宫举办的一场大型演唱会。连昌宫是一所行宫，当皇帝在长安与洛阳之间往返时，会下榻于这些行宫。皇帝当然不是轻骑单行，他的臣子、后妃、侍从，甚至是乐人舞伎都会跟着一起行动。元稹这首诗其实是想象的产物，但他可不是凭空想象，而是重现了玄宗曾举行的一场知名活动，只是将地点移到了连昌宫。

这是一场皇帝与王公贵族同乐的大型盛会，却在靠近宫墙的楼阁上举行，意义很简单，就是要让一旁的百姓都能听见。毕竟当时没有噪声防治法，而这种群聚欢乐的场景，也是皇帝与庶民同乐的象征。

一如现代的跨年晚会一样，盛会的最后总要有压轴巨星登场。于是皇帝下令要当时最知名的歌伎念奴独唱，但是，众人怎么都找不到念奴，原来她和皇帝的子侄们偷情去了！内侍们把她从被窝里拉出来，睡眼惺忪的念奴慢慢来到皇帝跟前，歌坛天后开唱，竟是由皇帝的侄子，一位亲王替她伴奏。念奴一开口，就是惊天的海豚

音——*飞上九天歌一曲，二十五郎吹管逐*。华丽的乐声引来一位民间乐手李谟，他静静倚墙而听，偷学着宫中的曲调。

唐玄宗的教坊或梨园，象征着唐帝国最顶尖的表演艺术，玄宗并不吝惜与民分享。他的乐声曾回荡在长安、洛阳的夜里。

然而，一切都结束了，妙花一般纷飞而降的乐音再也不会重现。因为无条件以倾国之力支持艺术的玄宗失势、落寞地死去，天宝时代的艺人只得散落民间。

所谓的“*落花时节又逢君*”，就是因琵琶大师流落江南而被杜甫遇见，而杜甫从前只是跟着乡民进去看热闹的小人物。

开元天宝，成了不堪回首却又令人不住回望的华胥之梦。

唤不回盛世的笛音

玄宗朝的乐舞大师很多，其中有一位是笛子界的圣手，名叫李谟。在《连昌宫词》中说他曾倚墙学曲，恐怕是他少年时的传说。不知何时开始，他成为足堪代表天宝时代的音乐名人。安史之乱后，李谟不知所终，也没有人继承他的笛艺，他的笛声似乎从此消失在人间。

时间来到安史之乱后四十年，一个从长安被贬谪到安徽的官员，心情烦闷，搭船散心，夜半停船休息时，似隐隐听见了远方的笛声。

“等等，听起来怎么这么像李谟的笛声？”

听得懂笛声的人，当然也不是平凡的人。认出笛声的官员韦应物也是个名诗人，“春潮带雨晚来急，野渡无人舟自横”就是他的名句。韦应物很快就叫人把吹笛人找来，此人名叫许云封，是李谟的外孙。

这不俗的笛声，何以流落至此？韦应物不由得问起往事。于是，许云封从自己幼年讲起，在他出生的时候，

刚好李谟等人随玄宗东封泰山，途经女儿夫家，遇上外孙出生，总得取名，此时恰好李白在城里喝酒，李谟抱着许云封去请李白赐名。李白不直接写明，反而拿笔在孩子身上写字：

树下彼何人，
不语真吾好。
语若及日中，
烟霏谢成宝。

这下子谁也不知道什么意思，李白才呵呵一笑解谜，意为“李谟外孙许云封”。这番卖弄，无非在显示才智。

诗仙赐名，孩子也就用了这个名字。可惜，孩子的命运多舛，十岁左右就父母双亡，无以为继的他，单骑入长安投靠外祖父和舅舅们，因是音乐世家，当然也就随着学笛，而后入了教坊。年少艺高，很快就受到注目，成为教坊的明日之星。

如果许云封是天宝初年出生，安史之乱时，也不过是个十几岁的少年。在战乱中，只有极少数人因紧跟着皇帝而幸免于难，成百上千的梨园弟子、教坊伎人，都和百姓一起留在长安。燕军攻陷长安后，有些人被抓走，而后整批带往洛阳。

安禄山本身也很喜欢乐舞，自然欣赏这些乐工，因此，乐工被抓住之后就会整批送去给安禄山。现代台湾地区的传统戏曲界常奉祀的田都元帅，传说就是教坊的琵琶大师雷海青，他被安禄山指名献艺时，掷下乐器向着长安的方向大哭，因而被害。传说雷海青就死于洛阳宫凝碧池，被囚禁在洛阳的王维听闻此事，写下了这样的诗句：

万户伤心生野烟，
百官何日再朝天？
秋槐花落空宫里，
凝碧池头奏管弦。

待唐军收复两京后，从官员到乐人，曾侍奉安禄山的人都被问罪。有些人因侥幸再见到玄宗，能言善道而

逃过一死，在玄宗死后，这些人也失去了最后的庇荫，只得再逃往各地。

前面说过的海豚音天后念奴，传说她在逃难的过程中嫁给一名士人，相偕逃往江南，但在丈夫死后，她重入长安讨生活，贫病而亡。死前她对养母说：“你的摇钱树倒了。”相较于她光彩夺目的前半生，这个结局更令人心酸。

许云封有没有侍奉过安禄山，我们不得而知，但梨园弟子背负着音声亡国、惑乱君王的罪名，从此再也无法得到像开天时代那样的待遇。在这样的局势下，许云封流落江南四十年，直到遇见了韦应物。

韦应物出生于开元末年，安史之乱时，大概还不到二十岁，他初入官场时就遭遇这样的动乱，深深影响了他的人生。他与许云封曾经同在长安却互不相识，或许他们也曾在城中擦身而过，流离人间四十年后，竟在遥远的南方，一个孤独的秋夜中相逢于江上，谈起往事。

韦应物告诉许云封，他有个童年玩伴曾随李谟学笛，学笛是一个平民少年能改变身份地位少有的机遇。少年曾从李谟那里拜受了一支笛子，学成之后，少年却不幸早夭，韦应物或许是为了纪念这位朋友一直带着这支笛子。于是，他拿出这支笛子对许云封说：“传说这是令外祖父曾用过的。”

许云封接过笛子，仔细看了看：“这是支好笛，但不会是我外公用过的。”

为什么呢？许云封娓娓道来。原来，笛子的取材有时间讲究，不能早也不能晚，太早砍下的竹子发出的声音虚浮、外强中干、气韵不足，一般的人还好，但遇到真正的大师，竹笛就会无法承受纯正的音而裂开。所以，如果李谟曾用过这支笛子，笛子不会完好无缺。为了验证这个说法，韦应物请许云封吹奏看看，许云封欣然从命。

云天初莹，秋露凝冷，江边一艘小舟上传来笛声悠悠，恍惚间，那些他们见过的人、遇过的事都成了无形的陪客，分明是数十年的前尘往事，分明是破散如烟的繁华盛世，却在笛声下再次重现。

冥冥中，或许那夭折的少年、李谟，甚至许云封自己都在等待这个时刻。他们是被士人，被朝廷，被燕军

看轻的乐人，曾被当作玩物一般肆意掳掠，曾为了求生而委曲求全，但是音乐不会骗人，是否能有至音，生于自然的竹笛会给予公正的评价。

一曲未罢，笛子发出轻微的声响，忽然竹笛中裂，如一刀划破梦境与现实，未臻上乘的笛子，证明许云封已是与外祖父李谟比肩的大师。

但是，那又如何呢?

能够群聚天下顶尖艺术家、共同竞艺的时代再也不会回来了。

在故事最后，韦应物替许云封找了工作，让他再次回到朝廷。看似是个可喜可贺的结局，但许云封进的却是演奏朝廷典礼音乐的曲部，他的笛音从此消亡，在后代的故事中再也没有他的踪迹。

许云封是否真有其人，其实很难说，而他的故事显示了中晚唐的人们如何看待那个时代。这种怀旧的心情，常常让后世的读者以为中晚唐的生活不如盛唐。从物质生活来说，中晚唐的人其实过得并不算差，晚唐的一位皇帝曾经感慨，盛唐时皇宫的内库有一种特殊的锦袍，只有唐玄宗与杨贵妃各一件，到了他的时代，这种锦袍只要是有钱人就能穿得起，一点都不稀罕；从另一面来说，原先由宫廷独占的技术流入民间，交互影响下，带动了社会的变化。

乐舞也是如此。与李谟、念奴、李龟年同为教坊名家的公孙大娘，以剑器舞名闻天下，她在几时亡故不得而知，但她的弟子留在四川，曾被杜甫目击于白帝城中重现剑器舞。许云封也曾在江南逗留多年，他们所拥有的乐舞技艺也由此流入民间。

从权力集中的皇权角度而言，安史之乱摧毁了一切秩序，让皇帝不再拥有至高的权力；但是从中下层社会的角度来看，安史之乱释放了原先由中央掌控的资源，此后的东亚世界进入了另一个阶段——思想、物质、社会、经济都发生了不同程度的变化，新的时代应运而生。

当元稹写下《连昌宫词》，当白居易写下《长恨歌》时，并不只是单纯地批判或缅怀过去，他们代表了新的时代、新的美学。

那是破坏之后的新生。

第十三章

小龙女与她们的男人

龙女们的第二春

安史之乱后的中晚唐，虽然中央在政治上显得软弱无力，但是文学、思想与经济却蓬勃发展，宗教信仰也攀上另一个高峰。外来的佛教已经深入整个唐帝国，与佛教相关的知识也逐渐渗入一般人的生活，比如龙王。

汉地的龙，原先与神仙信仰有关，是巡游于天的神兽，与云相伴，也同时拥有可以变化的各种超能力，堪称古代中国的变形金刚。

佛教传入中原后，在佛教信仰体系中的龙王成为隋唐帝国的水系“神奇宝贝”，在枯水时就有人要召唤他们出来帮忙了。到了中唐，水中有龙的想法已经渗入得很深，被收入语文课本的“水不在深，有龙则灵”，显示人们已经深深地相信龙居于水中。

在这里要先澄清一下，即便唐代的人们相信水中有龙，但是“四海龙王”的观念还很薄弱，只有东海龙王曾经在零星的几处出现过，似乎还不成气候。唐代的官方祭典中，东南西北四海的海神仍来自道教或古代的传说，四海海神与五岳山神都被唐代的皇帝册封为王，成为服膺于皇权的自然神灵。

尽管海龙王还没有成形，江河湖潭中的龙王们倒是不少。唐帝国里的龙王们有一部分生活承袭佛教中的论述，比如龙王会行云布雨，麾下有小龙无数供其使役，龙族的天敌是金翅鸟，遇到金翅鸟就会被吃掉……

龙王进入唐帝国之后也本土化、世俗化，不完全只以龙身示人。他们以家族为单位统治着地上的水系，同一水系的龙有亲属关系，不同水系的龙会互相嫁娶，龙王与家人累代住在同一个地方，接受上天的指示行云布雨。“龙二代”们如果安分守己，通常不会有事，要是个性乖张，就会遭到天谴，甚至连累爸妈。但小龙就算被惩罚，从其他龙家嫁来的妻子未必会有事，而夫家与妻家有时候也会发生冲突。

为什么我们会知道这些事呢？当然是因为有些凡人莫名其妙地卷入了龙的战争呀！

柳毅：洞庭湖的女婿

有这么一位凡人，名叫柳毅，他是洞庭湖附近的人，进京赶考，出师不利，在回家的路上，于泾河附近遇到了一位放羊的女子，只见女子愁容满面，好像很难过。

“发生什么事了吗？”柳毅问。一问之下才知道，原来女子是洞庭君的女儿。这位小龙女嫁了北方的泾河小龙，可惜婚姻失和、公婆不挺，身为堂堂的龙女还被迫去放羊——当然她放的不是羊，而是龙要去下雨时的经济动物“雨工”，简单说，是她夫家的生财工具。

小龙女不敢随便跑回家，当时又没有手机，没办法向爸爸哭诉。于是，她早早就相中柳毅，知道他住在洞庭附近，特地来堵他，拜托柳毅送信去她家。一听到这里，柳毅就怒了：“什么？以为是条龙就可以欺负女性吗？不行！我要帮你出这口气！”

带着一腔义气，柳毅一路杀回洞庭，按着小龙女的指示，把信送达她爹手中。然而没想到，洞庭君看起来人模人样、气宇非凡，却是个怕事的人，一听到女儿被苦待，第一个反应竟是哭，第二个反应则是不准家里的龙哭，为什么呢？

说时迟那时快，只听得后殿一声："干他的！"

骂声冲天，简直把柳毅吓掉一身毛。只见一条至少三千米长的龙，从后殿冲出前殿，再冲出洞庭湖，然后一路冲上天！不需助跑不需加速，还发出轰隆隆的声音，大概就是这样："是谁欺负我的宝贝侄女？我跟你拼命啊！"

听起来不觉得恐怖对不对？听起来其实有点搞笑对不对？没关系，那是因为你只有听，你没有看！请闭上眼睛，想象一下你站在高铁线附近，有人把五列高铁串在一起，加速到时速三百公里，然后从你身边冲过去。是不是好恐怖？大家不妨想想柳毅的心情，他如果再往前站那么一点点，就会被龙速列车碾成肉酱！难怪他吓得发抖。

倒是洞庭君淡定地扶起柳毅："别怕别怕，你没事吧？"

"我的老天呀，这是什么东西？"柳毅发着抖问。

“不好意思不好意思，这是我弟。”洞庭君说，露出无奈的苦笑，他刚刚才告诉柳毅，弟弟钱塘君之前和天将闹不和，就把天界的五山都给围起来，天帝把钱塘君关在洞庭湖底反省。就是怕钱塘君知道小龙女的事情后去算账，所以他才不准家里龙哭……

这一头，洞庭君正安抚着柳毅，那一头的钱塘叔已一路杀出洞庭，早上七点出发，九点就杀到了泾河，从洞庭湖的君山杀到龙女所在的泾阳县，依照现代高速公路距离来算是八百七十一公里，扣掉钱塘叔从洞庭湖底升空和降落的高度差，钱塘叔的时速至少高达四百公里，比高铁还要快！

“给我出来！”钱塘叔一到侄女夫家就开始砸店，小龙自然不甘示弱，马上从河中跳出来相杀，一时间泾河暴涨，八百里尽成泽国。

俗话说得好，江湖在走，真功夫要有。钱塘叔至少八千岁，老龙皮粗肉厚不是盖的，没多久，就把“渣男”侄女婿给收拾了。

钱塘叔在外头打得一塌糊涂，柳毅尚惊魂未定，几个小时之后，就听见一阵音乐声，远处降下一位美人，众人纷纷赶上前迎接她，正是苦海女神龙回家了。似乎是太久没有回家，小龙女心中悲喜交集，一时间不知身在何方，由众人服侍着走进后殿。

就在小龙女之后，充满煞气的钱塘叔意气风发地回来，他告诉柳毅和洞庭君，他不但用超高速解决问题，途中还跑去天上向天帝报备此事。也不知道天帝这次是怎么了，不但原谅他跑去泾河闹事的行径，还饶恕了他的罪，简单说，他自由了！

看到这里，等等……这是哪门子的处置？两条龙打架，人间当然不可能没遭难。钱塘叔这一闹，人间想必是又发大水又淹庄稼，但天帝完全没有管！我无法理解这逻辑，把神仙住的地方围起来要关几千年，但把人类淹死，不但没事还被放出来，这真的是“众生平等”！

倒是洞庭君还算有点良心，他问了人间的影响后，才又问：“那个无情无义的小王八蛋呢？”

“嗝……”钱塘叔淡定地拍拍肚皮，若无其事地说，“吃掉啦！”

小龙女回家了，渣男侄女婿被吃掉了，钱塘叔假释了，这一切真是太美好了。美好的时候，就要开派对。于是，洞庭君在洞庭湖底摆了流水席和舞会来招待柳毅，这位失意的男子由此过了几天尊贵的、荣耀不凡的生活。

有一天，柳毅和钱塘叔一起喝酒，喝着喝着，钱塘叔突然说："哎！我有一个提议，你要是肯的话，我们一起荣华富贵，不答应的话，我跟你同归于尽。"

也就是说，钱塘叔没有要让柳毅拒绝的意思，柳毅只好说："你说说看啊。"

"我侄女这么貌美又有家底，我要你娶她。"

做媒千万不能像钱塘叔这样乱来，弄得一副老子给你饭吃、要强逼柳毅入洞房的态势。柳毅当然不干，他讲了一大段话，意思是："我就是一个人，和你们这些很厉害的龙没法比，但就算你发酒疯没礼貌，我也不会轻易就范，要跟我拼就来！不爽就把我吃掉！"

其实，大家真的以为柳毅这么不畏权势或者不爱龙女吗？我不能说他不勇敢，但我觉得他根本就在逞强。各位不妨想想，龙君请客，旁边难道没有旁龙？对柳毅来说，在众目睽睽之下，女方亲友逞凶斗狠逼他娶妻，他要是就这么答应了，小龙女会怎么想？而且不要忘记一件事，小龙女也是龙，她只是比她叔叔小些，但还是一条龙，你说柳毅如果马上说“好呀好呀我来娶我来娶”或者“我娶我娶不要吃掉我”，这样的男人，小龙女会看得起他吗？

在女生面前，就算再怎么㞞，也要装不㞞啊！

就这样，柳毅赢得了龙们的尊敬。但是，钱塘叔有点“二百五”，软下来之后没有马上追击，于是柳毅也没有机会可以顺水推舟接受他的好意。恋爱都是这样的，若是有那么几个多事的人在一边乱搞，总不比自然发展来得顺利。结果，柳毅虽然建立了硬汉形象，却上了神坛下不来。过几天，他准备告辞，龙妈妈特别为他设宴，又叫小龙女出来感谢。

面对着小龙女含情脉脉的眼神，柳毅不由得后悔自己话说得太早。然而，话已出口，而受了伤的龙女也没勇气主动探问，于是，就这么错过。

直到多年之后，柳毅经过了婚姻的心碎，他才有机

会再次与龙女相逢。这回龙女假装成凡人，遵循人类的媒妁之言嫁给柳毅，面对柳毅觉得妻子长得和龙女很像的质疑，龙女一直装傻到底。直到孩子都生了，生米煮成熟饭，她才坦白自己确实是龙女。龙女告诉柳毅，他走了之后，家人曾经一度被迫她嫁给四川的濯锦江小龙，但是她拒绝了。经过抗争之后，她终于获得谅解，当洞庭君夫妇要派人再向柳毅讲亲时，不料柳毅早已娶妻，一直等到他的两个妻子去世，龙君一家才又来提亲。

这是个可喜可贺的老哏结局，柳毅也因为娶了龙女，而得到与龙同等的寿命，他与妻子先居于南海，而后隐居于洞庭。后代还有另一篇传奇，接续说柳毅接了岳父的位置，成为新的洞庭君，或许，他也成了一条龙。龙寿万年，在龙觉得是正常的时间，在人类而言，却是看不到尽头的漫漫长路，得到万年寿命的柳毅，又将如何面对故旧亡故、独有他以人身生活于龙群中的孤独感呢？

然而，我们从来没有人问过龙女，为什么她会选择这个平凡的男人。为了他，龙女化作凡人，隐居在人类之间。她是那么强大的龙，为了爱情，必须缩小自己适应人类的生活，会不会有无法忍受的时候？会不会有想跳脱人身驰骋于九天之上的冲动？

九娘子：女龙君的诞生

柳毅和小龙女的事情过了将近一百年后，大约在晚唐，一样在泾河附近，有一个小潭叫“善女湫”。小潭环境优美，潭水清澈湛蓝，却不知有多深，附近的人常常看到这里出没一些水中的精怪。也不知道他们从何处得知善女湫住着一位龙女，于是他们就以“九娘子神”来称呼她。在善女湫往西二百多里的朝那镇附近，则有另一个小潭，潭中也有一位龙神，人们管他叫“朝那神”。

晚唐的一位节度使叫周宝，被派到此处为官。这里原本无事，突然有一阵子，从这两处小潭中涌出无数云气，形状各异，形成诡异的气候，一天到晚打雷下雨，这里原本处处淹水、庄稼遭殃。周宝一开始也没想这么

多，以为是自己没做好惹得上天不开心，直到有一天他午觉睡得正酣，恍惚间只见一名武士对他说：“九娘子要见你。”

“谁啊？又不是我的亲戚，这样不好吧？”周宝蒙眬间，见对方异常坚持，只好去见见这位九娘子。两下一见，竟是位年十八九岁的清丽少妇，气度优雅，衣装不俗，周宝也赶紧整肃仪容，郑重地接见她。

九娘子的随从不少，他们称呼她为“贵主”，这其实是对公主、郡主、县主等王公之女的称呼。不过九娘子从不以自己的身份为贵，她是以陈情的态度来恳求周宝协助。

“到底是怎么回事呢？是谁敢欺负贵主？快请说来，我一定管到底。”周宝说。

于是，九娘子将身世娓娓道来。原来她的家族是东海边上的龙族，却无缘无故被人类放火屠杀，为了躲避仇家，几次搬迁之后，来到泾水附近，她爸爸就在这附近当龙君。她身为龙君的第九女，被嫁给南方象郡的石龙家小儿子，因为丈夫个性暴烈，公公又是个恐龙家长，最后石龙家族遭到天谴，全死了，唯独她幸免于难，回到娘家。

前夫的悲惨遭遇让九娘子不愿再婚，但她的父母就像洞庭龙君夫妇一样，强烈要求女儿再嫁，九娘子坚决不从，就被打发到善女湫来。虽然失去了家族的温暖，但她在这里生活得很平静，一点都不想再委屈自己。

没想到，她老爸不知哪根神经错乱，竟与那号称朝那神的朝那小龙结成一气，要将她嫁给朝那小龙的弟弟，又知道她不会听话，竟然要朝那小龙兄弟出兵把她抓走，强逼为婚。

俗话说得好，不怕神对手，就怕猪队友，尤其这队友还是自己的爸爸，九娘子非常无奈。前阵子那些下雨打雷喷云喷雾，其实就是她率手下和朝那兄弟作战，而她竟然都赢了。

周宝觉得这事实在太诡异，九娘子说完来龙去脉，才表示希望他能借一些人间的兵马给她。这更是诡异了："你是龙，还需要人类帮忙？"

"你说的没错，我们全家都是龙，表亲堂亲加起来上

百，洞庭湖是我妈的娘家，鄱阳湖和南方的陵水、罗水也和我有亲戚关系，写信去请龙一点都不难，组团围殴朝那小龙更是小菜一碟。但是这么多龙群聚于此，你的百姓全都得死，远的不说，就说洞庭湖的外祖父他们家和泾河龙家打那一架有多可怕，你应该知道吧？为了不连累无辜，才需要借人类一用啊。”九娘子说。

听了九娘子一席话，再想到上百条龙速列车统统飞来的恐怖情境，周宝马上就答应借兵。隔天，他派出兵马到善女湫附近镇守，当天晚上，九娘子的使者就来了：“感谢您借兵，但您借的都是活人，我们没办法用喔，可以换死掉的来吗？”

“不早说，早不说！”周宝心想。隔天，他又派人去清点兵籍卷宗，找出那些已经死亡的将士名字，凑足了五百名骑兵、一千五百名步兵后，叫一个将领带着名册送去善女湫。接着他撤回镇守的兵卒，只见一个兵卒抽搐倒地不起，天亮才悠悠转醒，兵卒转告周宝：“贵主说，这次派的将领不给力，被敌军打爆，请您再换一队厉害的过去。”

第一次听说借将还有七天保修、不行就退货的！不过周宝果真服务周到，马上派了手下最强的大将郑承符去善女湫。白天刚去，晚上就传来消息，说郑承符死了！虽是如此，但郑承符的尸体完全不像尸体，心背还有点温度，既不腐败也没有臭味，只是没有气息。

不久，天气再度异变，阴风惨惨、飞沙走石，浓厚的云雾缠绕整个泾河地区，长达数日，谁也不知道怎么回事。忽然，一道晴空霹雳降下，劈开云雾，已死的郑承符竟发出声响，醒了过来。

“这是怎么回事？”大家七嘴八舌地问。

郑承符睁开眼睛，恍惚说起他前去替九娘子效力的事。在他前往善女湫之后，就有人去迎接他，把他带到一座城池里，城外是惨烈的战场，城中却陈列着无数奇珍异宝，而龙女登台拜将，将自己这个小小国度的未来托付给了郑承符。原本，九娘子想以宾客的礼仪来优待他，但是，从未获得国主这般尊重的郑承符认为，他受了这个国家的公文与战甲，就是臣子，于是，他向九娘子下拜，确定了这一龙一人之间的君臣关系。

接着，熟悉山川形势的郑承符带领九娘子麾下的兵马与向周宝借的鬼兵，以欺敌之术击败了朝那小龙。郑承符描绘那场战争十分激烈：“血肉染草木，脂膏润原野，腥秽荡空，戈甲山积……”而他最终生擒了朝那小龙，献给九娘子。

这场再婚风波，由九娘子一方大获全胜。她原想杀掉朝那小龙，随后她爸爸却派来使节，承认一切都是他的错，请求放了朝那小龙。九娘子也从善如流，放走了朝那小龙，倒是小龙自己太羞愧，还没到家就自杀了。

战争结束，九娘子封郑承符为大将军，给他极高的薪水与各种优厚待遇。但是郑承符总有尘缘未了，就向九娘子请了一个月的假，回生返家。

醒来之后，他就开始交代后事，他对妻子说：“我这一辈子，就是希望能在战场上一展长才，不幸贬谪于此，平生有志难伸。虽然这回只是作为贵主的鹰犬，为她雪不平之事，但在那个世界，我终于有机会大显身手、号令天下。我早晚会接到贵主的命令，而你我也终须分离。”

不久之后，郑承符无疾而终，这回是真的死了。在他死后，有个走夜路的旅人，在清晨时分看见数百人的兵马簇拥着郑承符出城，军队走到善女湫后，就消失不见了。可以合理地推测，郑承符再入龙女之国，成为九娘子的臣子。

一样是再嫁，一样是不遵父命，两个小龙女的决定却大不相同，洞庭小龙女为爱再嫁凡人，柳毅也为了爱，进入龙的世界，接受了神仙一般的生活；而九娘子坚守独身，坚决不做朝那小龙家的囚徒，她凭着自己的才智与学养说服节度使，而她的王者气度让郑承符舍弃一切，愿在麾下效力，代她征战。她与郑承符没有男女之情，却缔结了君臣之义，最终，她击败父亲，成为一位真正的龙君。

哪一个选择才是好的选择？过去总认为古代中国的三从四德是唯一的指标，九娘子的选择却显示出，在唐代可能还有一些女性想要成为自己的主人。

第十四章

安禄山与『没有声音』的胡人

我有一个『唐国梦』

20 世纪初，英国探险家斯坦因在敦煌的莫高窟上寺得到了一卷写经，经上是他完全无法解读的文字。

在斯坦因之后，前往敦煌盗取经卷的法国探险家伯希和，则在他取得的文书中发现了《沙州都督府图经》，从中发现一个康姓人名可能与伊朗语有关，而康姓是来自西域康居国的人经常使用的姓氏。于是伯希和追溯唐书，发现曾有康国的首领率众移入唐帝国的记录，因此认为唐代敦煌的蒲昌海有一个康居移民的聚落，而古称康居的康国与其周边的诸国，在汉文、阿拉伯文与拉丁文中，有另一个统称，叫作“粟特”。

由此，各国学者展开了对粟特的研究，但在多年以后，学者们才确信，斯坦因得到的那卷写经上，写的正是粟特文。

在历史课本上，“安禄山”只是个一闪而过的名字，顶多上课时会提到他是个爱跳舞的胖子，传说和杨贵妃有点暧昧……但是，他的人生其实承载了他的族群的命运。

位于今日中亚的乌兹别克斯坦与塔吉克斯坦，阿姆河、锡尔河所夹的狭长地区被称为索格底亚那，住在这个地区说粟特语的人，被称为粟特人，这种“语族”的概念与今日认知的“种族”并不一致。

“粟特”一词是《魏书》中的译词，在汉魏之间的史料中译为“粟弋”，在此之前，则以康居、安息等国名存在于汉文文献中。粟特人出现在此地区的时间很早，大约在公元前 6 世纪的波斯帝国时代就已定居下来，并成为波斯帝国的一部分。公元前 4 世纪，随着亚历山大大帝东征，粟特人也被征服，在亚历山大大帝死后，被并入希腊化的大夏王国。二百年后，当匈奴人在北方崛起，大月氏西迁，粟特地区战乱频仍，暂时从历史上消失。直到张骞在公元前 1 世纪从西域带回康居国的情报，索格底亚那的历史才又被衔接起来。

小国崛起

粟特人一开始出现在历史舞台上，就伴随着经商的记录，但是他们一开始都是作为各个王国的附庸存在。在公元初到3世纪，控制着西域商业的商人主要来自贵霜王国（今阿富汗与北印度），粟特人仅仅是贵霜商业网络中的一小部分而已。

随着贵霜王国的衰落，粟特人趁势而起。3世纪开始，他们逐步甩开贵霜的制约，通过纳贡等方式，建立起自己的商业网络，连通东边的中国、北边的游牧汗国和西边的罗马帝国。斯坦因得到的那包信，就写于这个时期。

这包信被称为“粟特文古信札”，共有八封，写成的时间约在西晋末年，从姑臧、敦煌等地寄出，要送往撒马尔罕与沿途的城市。这八封信显示了粟特商人一直关注着中国的局势，在撒马尔罕通往中国腹地的沿线，都有粟特人的组织，甚至有各地的代理商与转运商。

魏晋南北朝时期，虽然中国境内政权林立，却未能阻碍粟特人逐渐在中国站稳脚跟。政治的力量对于他们而言，是经商必需的助力，他们早年是混入使团中跟着代表西域诸国的使节进入中国朝贡，借此掩护他们的商业行动，当他们在中国站稳之后，也随之引入更多的粟特人，在丝路的要冲上建立一个个聚落。对于当时无暇他顾的统治者来说，命粟特人自己推选出的首领管理是最方便的做法。

因此，粟特语中的“萨宝（保）”就纳入了北朝至隋唐的政府组织中，各郡的萨宝到中央的大萨宝，成为管理粟特人与其他西域移民的政府机构。北齐与北周的粟特人不只经营生意，也在陇西养马支持战争，还在北齐、北周和北方兴起的突厥之间，担任传译与外交工作。语言在商业与外交领域是最重要的武器，粟特人卓越的语言能力和游历各国的经验，让他们得以担任使节。

粟特人的势力也不只向中国延伸，他们很快就得到了北方游牧政权的信任，6 世纪突厥汗国兴起之后，便倚赖粟特人协助管理麾下的诸多部族，甚至出使到欧亚

大陆另一头的东罗马帝国。

向地与海的尽头出发

当时，日益强大的突厥造成了北齐和北周的压力，两国送出大量丝绸以求突厥不南侵。对于游牧民族而言，丝绸的用处不大，但在粟特商人眼中，这些丝绸就是不需成本的商品，与其囤在营帐里虫吃鼠咬，不如卖出去赚取暴利。于是，粟特人说服了突厥可汗，让他们派出使团前往波斯与东罗马帝国。

粟特使团就像一帮业务员，他们首先来到波斯，希望说服波斯王购买突厥拥有的丝绸。但是波斯王意识到粟特人作为突厥先锋试图垄断整个欧亚大陆丝绸专卖的意图，此举无疑会牺牲波斯商人的权利，于是拒绝，并发动了海上与陆上封锁，试图截断粟特人与东罗马帝国的联系。接着粟特人取道北境，躲开了波斯的监控，成功进入东罗马帝国，也促使东罗马帝国向突厥派出特使。

最后，这些来自北齐北周的免费丝绸，成为粟特人对波斯等国发动商战的武器。

从洛阳、长安、河西走廊、欧亚草原到地中海，从北齐北周的皇宫、突厥的汗帐到东罗马皇帝的宫殿，粟特人出身于欧亚大陆的正中央，准确地感知着世界的脉动。没有一个地方是粟特人进不去的，即便在西藏与北印度交界的山岭中，也有他们活动的足迹。粟特语成为连通欧亚大陆的通用语，夹在各国势力之间的小国，凭借着灵活的身段与绝佳组织力，建构起一个隐形的商业网，粟特本土也迎来了前所未有的黄金岁月。

但是，粟特人并不知道，一个巨大的威胁正在西方酝酿着。

粟特本土有许多大小不一的城市与寨堡，各由当地的家族统治；寨堡与规模较大的小型城市，则向大城城主称臣。这些以大城为中心结成的城邦，在汉地文献中

称为“国”[1]。河中地区的粟特城邦有康国、安国、米国、东曹国、西曹国、何国、毕国、史国等。

在中古时期，这些粟特城邦以何国为界，分为东西两部，西边奉安国为首，东边则以康国马首是瞻。在粟特城邦中的贵族并没有明确的阶级与称号，多称为“迪赫坎”（Dihqan）与“领主”（Khuv），可同时用于康国、米国等国的国王，也可用于臣服其下的城主。

除了世袭的贵族之外，粟特还有大量的自由民，他们可能是手工业者、农人、小商贩或工人，另外还有大量的奴隶。此外，就是大量的粟特商人，大商人的地位甚至能与王公贵族同等。事实上，许多贵族也经营商业，例如附于安国的毕国，就是一个商人城，没有国王，由商人们共商国是。在近年的考古研究中，也已经发掘到毕国的商栈与城墙，有相当宽大的大门，可能是考虑到

1 关于粟特城邦的地理环境与阿拉伯帝国未入侵前的城寨分布、统治情况，参见巴托尔德（V. V. Barthold）著，张锡彤、张广达译，《蒙古入侵时期的突厥斯坦》（上），第一章《河中地理概述》，77—209。

商人装卸的需求，其商业贸易之兴盛，可见一斑。

不过，索格底亚那虽有寨堡、城市与城邦这三层形制，结构却并不严密。像毕国隶属于安国，似乎不能算是一个城邦，但是在汉地文献中，仍称其为“毕国”，这一点在阿拉伯文献中也有记录：“毕国可视为一个城邦，国人不喜欢任何人称其国为村庄。如果毕国公民去至巴格达，被问起来自何方，他会说自己来自毕国而非安国。”由此可见，即使在政治上隶属于安国，毕国人对于自己的城邦仍有很深的归属感，并不认为自己就是安国人。松散的结盟与诸国之间的冲突，对于粟特人原先的宗主突厥与中国而言，并没有太大的影响。

到了 7 世纪，西方的阿拉伯帝国崛起，在史料中称之为大食。在扩张的过程中，它首先击垮了波斯，将帝国的疆域推到粟特边界，而粟特人内部的矛盾，也成为阿拉伯帝国向东扩张的助力。首位攻入河中地区的呼罗珊总督在 673 年挥军东征，只是攻下毕国，并在安国范围内抓走一些俘虏，却未驻军。

675 年新总督上任后，再次东征，当时西粟特之首

的安国太后虽然希望以重贿送走阿拉伯人，但出于战略的考虑，阿拉伯人接受安国的和议并要求以当地的领主们为质。在安国的协助下，阿拉伯人得以继续攻打东粟特诸国，而后又退回阿拉伯境内。

数年后，阿拉伯人第三度攻入索格底亚那，以美貌著称的安国太后不惜以身相许，请求康国国王、粟特全境之王突昏的协助，最后粟特联军再次失败，阿拉伯军队也因此得到安国换取和平的大批财宝。

虽然在阿拉伯文献的记录里，7 世纪下半叶的这数场战争中，粟特诸国损失了不少钱财与领主、武士，但是阿拉伯人当时的目的仅止于掠夺。真正使阿拉伯帝国在粟特站稳脚跟的人，是 704 至 705 年就任呼罗珊总督的屈底波。除了勇猛诡诈之外，屈底波也充分利用了粟特诸国间的矛盾，尤其在 712 年攻打康国的战争中，屈底波是在安国与火寻国（花剌子模）的帮助下得胜。

除了战争，屈底波也在粟特诸国大兴土木，建立清真寺，甚至逼迫城市中的居民搬迁，以使阿拉伯人得以进驻，屈底波的军队据说进驻到了北至石国（赭时），东至唐帝国境内的疏勒镇（喀什）等地。随后粟特诸国在畏惧之下，趁着屈底波回师呼罗珊时，向突厥请求支持，虽然此次战事失利，却也使突厥的势力进入河中地区。

屈底波之后，长达二十年的时间，总督们陷入与突厥、突骑施缠斗的泥淖，粟特诸国作为战场，更是苦不堪言。

直到善于用兵也长于治民的总督纳斯尔就任，纳斯尔除了继续作战之外，也改善内部的税制问题，并接纳曾经投靠突厥的粟特人有条件地回归。然而纳斯尔的时代仅持续了短短十年，由于此时阿拉伯帝国的政权正逐渐由乌马亚家族转向阿拔斯家族，政治与宗教上的激烈冲突，致使纳斯尔不得不在 748 年退出呼罗珊。

同一时期，阿拔斯王朝兴起，突厥第二汗国灭亡，而唐帝国也来到极盛的转折点——玄宗天宝年间。

西边是刚改朝换代的阿拉伯帝国，东边则是如日中天的唐帝国，索格底亚那无可避免地再次成为两国角力的战场。751 年的怛罗斯之役，唐帝国重夺西域的意图

就此中断，755年的安史之乱后，更是完全失去对于北亚、中亚的控制权。

随后兴起的回鹘、乌古斯等原属突厥的游牧汗国阻断了索格底亚那与唐帝国的交流，河中地区成为突厥人与阿拉伯人交锋的地区。为求生存，粟特人或伊斯兰化或突厥化，也逐渐抛弃了粟特这个名字。当阿拉伯文献开始记录粟特地区的历史时，已是10世纪以后的事了，当时粟特人的商业规模大不如前，世界局势也已经改变。

安禄山——一个粟特穷小子的奋斗

恒罗斯之役失败后，唐帝国的势力再也无法深入中亚，原先受到唐帝国保护的粟特人也无法回到故土，于是他们积极地成为唐帝国的一分子。

在此之前，由于突厥内部局势混乱，部分突厥人与粟特人内附，与原先就居住于此的粟特人们合流，有人从军，有人继续经商。而唐玄宗重用胡将的策略，也带给这些与突厥杂居的粟特人出头的机会，安禄山就是其中最成功的案例。

安禄山的名字是粟特语，原意为光明。由于粟特人多信奉祆教，祆教崇拜火，崇拜光明，相信黑暗与光明会不停地战斗，因此在转译的过程中，就把光明的意思衍生成战斗神。安禄山的母亲是一个突厥女巫，父亲姓康，父亲死后，母亲改嫁安延偃，安禄山也跟着改姓安。

现代常说外国穷小子到美国发展是一种“美国梦”，那么安禄山的人生，可以说是一个粟特人的“唐国梦”。由于突厥发生动乱，安禄山一家逃往唐突边界，成为寄居于唐的难民，散居在北方的营州一带。

就像现代人很重视语言能力一样，粟特人为了行商方便，大多会数种语言。安禄山年轻时，因为能说六种（也有说九种）蕃语，所以在边境的互市担任中介与翻译（牙郎），靠着中介收入为生。或许是收获不丰，他曾一度因偷羊被抓，险些丧命，就在千钧一发之际，刚好节度使经过，安禄山突然大喊：“您不是想平定奚和契丹

吗？怎么在此时杀掉有用的人呢？”

一个穷小子竟然发此豪语？节度使被他的话所吸引，暂时饶他一命，并将他编入麾下。因为对不同族群的了解加上善于逢迎，安禄山很快得到节度使的赏识，成为节度使的义子。在中亚的文化中，义子或贴身宿卫就是视作心腹的预备干部，这样的风俗在当时已经深入唐帝国的胡人军旅，安禄山也凭借着节度使的信任，逐渐站稳了脚跟。

当然，仕宦途中没有一帆风顺的好事，就在他逐渐升迁时，他被同僚陷害，失去长官的信任而背上黑锅，甚至一度被判死刑。不过，突厥与粟特的天神似乎眷顾着这个在异乡打拼的孩子，又在千钧一发之际，当他的死刑判决书送到唐玄宗案前待批时，玄宗突然想起似乎曾在将官进京时见过这个年轻人，起了惜才之心，竟免了死罪，命他戴罪立功。

史料上没有记载安禄山的心情，但在大劫之后，安禄山更努力钻营，各种阴谋手段也更加凶残了。很快地，他靠着战功扶摇直上，也积极以粟特的人脉经营副业，以政治力庇护旗下的粟特商人。如同他的粟特祖先一样，安禄山在商业、政治与军事上齐头并进。

经过二十年的努力，安禄山在三十九岁时成为节度使，除了皇族之外，唐史上很少有人能在这么年轻时就爬到这个位置。他同时在天宝末年统领了三个藩镇，成为河北最有权力的人。同一时期也有其他的胡人将领，但大部分出身胡族的高等军官，都是部落首领或首领之子，像安禄山这样白手起家、没有家族背景后援的大将，几乎没有。

不过，安禄山并不是没有敌人，为了保住地位，他努力地巴结玄宗最宠爱的杨贵妃，甚至不惜拜贵妃为母，许多人因此传言他与贵妃有私。这个传言纯粹是为了抹黑杨安二人而起，贵妃当时已等同皇后，安禄山的胡人相貌与肥胖身材，在当时的长安常被当成取笑的对象，加上宫中耳目众多，杨贵妃实在不可能与安禄山有私情。相反地，安禄山成为贵妃的养子，也如他当年拜节度使为父一样，是以中亚的习俗与皇帝缔结信任关系。为什么他不直接拜玄宗为父呢？或许是因为皇帝本来就

是天下人的父亲，而且认一个胡人外臣为义子，更易引人非议。

虽是如此，安禄山却无法避免与贵妃家族的冲突。贵妃的堂兄、宰相杨国忠本身也是个具有商业头脑的人，杨国忠的利益与安禄山早年一致，但是随着安禄山坐大而想入主中央，两人也面临决裂。

最后，杨国忠说服了皇帝铲除安禄山，首先是扣住安禄山在长安的家人。殊不知，安禄山早已培养了强大的私兵，杨国忠的行动反倒给了安禄山叛变的口实，于是，造成唐帝国元气大伤的安史之乱就此展开。

安禄山为什么要造反？这件事到现在仍无定论。虽然史书上都称安禄山狼子野心、意图取而代之，但就我来看，要推动河北三镇的军队掉转矛头对朝廷，除了主帅的野心之外，可能还有别的因素。我个人有个不太成熟的猜测，还需要更多证据来证明，但我认为有可能是北亚草原的混乱，让当时的河北涌入太多难民，这些闲置的人力多是牧民，在北方没有足够的草场供他们生活，若不通过战争的方式重新划分天下资源，光是要养活这些人民就会耗尽河北的气力，因此，安禄山才能在非常短的时间内整理军队、挥师向东。

“渔阳鼙鼓动地来，惊破霓裳羽衣曲”，承平日久的唐军从没想过要面对自己人。战火很快地烧向了洛阳与长安，年老的玄宗弃城而逃。半壁江山落入安禄山之手，他建立了自己的帝国“燕”，这个短命的王朝随着安禄山与其部属史思明死去而告终，前后历经八年之久。唐帝国虽然胜利，却是在安史两人培养的河北军人臣服下才得到了惨痛和平，从此，唐帝国失去了对于藩镇的控制力。

在唐代史书中对于安史二人的评价很低，两人所留下来的政治与军事遗产由其部属们瓜分，并因战争中的冲突，使得河北人对朝廷从此心生芥蒂，甚至仍立庙祭祀安史二人，尊为“二圣”。

其实安史之乱的对战双方中都有粟特人，但是在大乱平息之后，唐帝国内部产生了强烈的排胡情绪，在未受战乱波及的扬州，甚至出现了杀胡事件，为了泄恨，许多长相不像汉人的人无端牺牲，在朝廷内部也有不应

重用胡人的激烈言论。

诸如此类的强烈情绪造成粟特人的不安全感，为了身家性命，粟特人有的改姓；不能改姓的就说自己并非来自西域，而选择了位于沿海的会稽作为出身，并表示自己是周代康王之后裔，比附久远的世系来表示自己乃是唐人；也不再给孩子取粟特语的名字，并积极与唐人通婚，一代代洗去高鼻深目的外表，以融入唐帝国中。

依附于其他游牧民族的粟特人也差不多如此。在突厥破散之后，原先依附于突厥的粟特人以部族的形态分散到不同的族群中。其中一支被称作索葛部而并入沙陀，沙陀人在唐末的纷乱中乘势而起，建立了五代中的后梁、后唐与后汉，其中的后梁与后汉即为索葛部建立的政权，五代到宋之间，出身沙陀的安氏一族，如后唐宰相安重诲等，也都是索葛部的后人。即便改了汉文的译名，粟特人也改不了他们在武力上的天分，但已经失去了根源与族群记忆。

粟特的后裔

8 世纪之后，粟特人不得不被周边的各个强权同化，最后连语言都逐渐消亡，曾在东亚各地使用的粟特语，也慢慢失去声音。

1907 年，斯坦因在敦煌捡到了那卷写经，三十多年后，终于有人通过对比的方式解读出这些文字，认定那是粟特文。

同一时期，一个牧童在塔吉克斯坦的穆格山放羊，意外拾得几根树枝，上面写着他看不懂的文字。之后树枝被送往莫斯科，东方学家认出上面写的是粟特文，于是苏联派出考古学家前往当地，挖掘出深埋于山区的 8 世纪遗迹，带回更多的粟特文书。

而后，另一位苏联的语言学家在塔吉克的雅格那河谷中找到一个族群。这些被称作“雅格那比人”的人过着半定居的生活，放牧就是他们生活的全部，他们不太与外界交流，仍保留着自己的语言与生活方式，一代一代地传承着，即便他们并不清楚这些传统的来源为何。

直到语言学家发现他们的语言结构可以和粟特文对应，由此认为这些说“雅格那比语”的人，就是粟特语的后代，而根据雅格那比人的说法，他们很可能就是在战争中躲入河谷的粟特人后代。现在，塔吉克斯坦当地的组织正在协助他们保存这些正在消失的语言与文化。

冥冥中，那些建立了粟特辉煌时代的灵魂似乎不甘沉默，越来越多的证据被挖掘出来，于是，粟特人的历史也被一点一点地重建了起来。这块拼图至今尚未完成，但是露出的轮廓足以震惊世界。

回想起来，当斯坦因得到那卷写经时，他并不知道，他捡到的不只是一卷经文，还是一个族群的历史。

参考书目

第一章　**韩愈的生猛海鲜宴**

. 韩愈著、马其昶注，《韩昌黎文集校注》，上海：上海古籍出版社，2014。

第二章　**柳宗元的槟榔**

. 柳宗元，《柳河东集（上、下）》，上海：上海古籍出版社，2011。

. 林富士，《槟榔入华考》，《历史月刊》，186（2003），94—100。

. “红唇与黑齿：槟榔文化特展”网站。

. 张蜀蕙，《驯化与观看——唐、宋文人南方经验中的疾病经验与国族论述》，《东华人文学报》，7（2007.7），41—84。
. 卞孝萱、吴汝煜，《刘禹锡》，上海：上海古籍出版社，1980。
. 黄永年，《所谓“永贞革新”》，《唐史十二讲》，北京：中华书局，2007，132—169。

第三章 **白居易的废文人生**

. 陈素贞，《唐代诗人羁旅宦游中的饮食视域》，《台科大人文社会学报》，7（2012.10），109—137。
. 朱金城，《白居易集笺校》，上海：上海古籍出版社，2004。
. 胡云薇，《千里宦游成底事，每年风景是他乡——试论唐代的宦游与家庭》，《台大历史学报》，41（2008.6），65—107。
. 白居易著、朱金城校，《白居易集笺校》（订正）。

第四章　**元稹的酒**

. 卞孝萱,《元稹年谱》，济南：齐鲁书社，1980。

. 元稹著、周相录注,《元稹集校注》，上海：上海古籍出版社，2011。

. 陈寅恪,《元白诗笺证稿》，北京：生活·读书·新知三联书店，2013。

第六章　**长安城之恋**

. 上海古籍出版社编,《唐五代笔记小说大观》，上海：上海古籍出版社，2000。

第七章　**杜甫的护唇膏**

. 王焘著、高文柱注,《外台秘要方校注》，北京：学苑出版社，2011。

. 杜甫著、谢思炜注,《杜甫集校注》，上海：上海古籍出版社，2016。

第八章 **上官婉儿与她的老板们**

- 陈弱水，《隐蔽的光景——唐代的妇女文化与家庭生活》，桂林：广西师范大学出版社，2009。
- 郑雅如，《重探上官婉儿的死亡、平反与当代评价》，《早期中国史研究》第四卷第一期。
- 耿慧玲，《从神龙宫女墓志看其在政变中之作用》，《唐研究》第三卷，北京：北京大学出版社，1997，221—247。

第十二章 **盛世遗音，唐代伶人往事**

- 毛水清，《唐代乐人考述》，北京：东方出版社，2007。

第十三章 **龙女们的第二春**

- 薛爱华，《神女：唐代文学中的龙女与雨女》，北京：生活·读书·新知三联书店，2014。

第十四章　安禄山与“没有声音”的胡人们

. de La Vaissière, Etienne. Histoire des marchandssogdiens, Paris: De Boccard, 2002.（英译版：de La Vaissière, Etienne. trans. By James Ward, Sogdian Traders: A History, Leidon: Brill, 2005；中译版：魏义天著、王睿译，《粟特商人史》，桂林：广西师范大学出版社，2012。）

. Pelliot, Paul. Le'Cha-tcheou-tou-fou-t'ou-king'et la coloniesogdienne de la region du Lob Nor, Journal asiatique, 1916, 111 - 23.（中译版：伯希和，《沙州都督府图经及蒲昌海康居聚落》，《西域南海史地译丛七编》，北京：中华书局，1957，25—29。）

. Marshak, Boris. Legends, Tales, and Fables in the Art of Sogdiana, New York: Bibliotheca Persica Press, 2002.

. 张广达，《文书、典籍与西域史地》，桂林：

广西师范大学出版社，2008。
. 张广达，《文本、图像与文化流传》，桂林：广西师范大学出版社，2008。
. 森安孝夫编，《ソグドからウイグルへ—シルクロード东部の民族と文化の交流》，东京：汲古书院，2012。
. 毕波，《中古中国的粟特胡人：以长安为中心》，北京：中国人民大学出版社，2011。
. 陈海涛、刘惠琴，《来自文明十字路口的民族——唐代入华粟特人研究》，北京：商务印书馆，2006。
. 斯坦因著、向达译，《西域考古记》，北京：商务印书馆，2013。
. 曾布川宽、吉田丰编，《ソグド人の美术と言语》，京都：临川书店，2011。
. 森部丰，《ソグド人の东方活动と东ユーラシア世界の歴史的展开》，大阪：关西大学出版部，2010。

. 森部丰，《安禄山—「安史の乱」を起こしたソグド军人》，东京：山川出版社，2013。

. 荣新江，《中古中国与外来文明》，北京：生活·读书·新知三联书店，2001。

. 荣新江、张志清主编，《从撒马尔干到长安——粟特人在中国的文化遗迹》，北京：北京图书馆出版社，2004。

. 蔡鸿生，《唐代九姓胡与突厥文化》，北京：中华书局，1998。

图书在版编目（CIP）数据

这个唐朝真好玩儿 / 谢金鱼著. —北京：北京联合出版公司，2018.12

ISBN 978-7-5596-2803-9

Ⅰ. ①这… Ⅱ. ①谢… Ⅲ. ①中国历史—唐代—通俗读物 Ⅳ. ①K242.09

中国版本图书馆CIP数据核字（2018）第258431号

著作权合同登记图字：01-2018-7871

这个唐朝真好玩儿

作　　者：谢金鱼

责任编辑：李　征

北京联合出版公司出版

（北京市西城区德外大街83号楼9层　100088）

三河市嘉科万达彩色印刷有限公司印刷　新华书店经销

字数：107千字　700毫米×980毫米　1/32　印张：7.75

2018年12月第1版　2018年12月第1次印刷

ISBN 978-7-5596-2803-9

定价：49.80元
